Mosaik bei
GOLDMANN

Buch

In diesem Buch finden Sie das Glück der kleinen Dinge. Es enthält zauberhafte Strategien, mit deren Hilfe Sie Ihren Alltag lockerer und mit mehr Freude bewältigen und mehr Zeit für sich gewinnen können.

Dabei geht es um mehr als um eine positive Einstellung oder ein besseres Zeitmanagement – es geht um die Kunst, unliebsame und gewöhnliche Situationen in magische Erlebnisse zu verwandeln, die bereichern. Eine verlockende Einladung zum Tagträumen, zur Suche nach neuen Zielen und Einsichten, zu mehr Gelassenheit und Eigenliebe. Mit diesem Buch können Sie sich und anderen etwas Gutes tun.

Autorin

Victoria Moran schreibt Bücher über die Kunst des Lebens. Ihre Artikel erscheinen regelmäßig in großen amerikanischen Frauenzeitschriften. Zudem hält sie Vorträge und veranstaltet Seminare.

Victoria Moran

Das Glück der kleinen Dinge

Mosaik bei
GOLDMANN

Die Ratschläge in diesem Buch wurden von der Autorin und vom Verlag sorgfältig erwogen und geprüft, dennoch kann eine Garantie nicht übernommen werden. Eine Haftung der Autorin bzw. des Verlags und seiner Beauftragten für Personen-, Sach- und Vermögensschäden ist ausgeschlossen.

FSC

Mix
Produktgruppe aus vorbildlich
bewirtschafteten Wäldern und
anderen kontrollierten Herkünften

Zert.-Nr. SGS-COC-1940
www.fsc.org
© 1996 Forest Stewardship Council

Verlagsgruppe Random House FSC-DEU-0100
Das für dieses Buch verwendete FSC-zertifizierte Papier *Munken Print*
liefert Arctic Paper Munkedals AB, Schweden.

2. Auflage
Gekürzte Taschenbuchausgabe Mai 2009
Wilhelm Goldmann Verlag, München,
in der Verlagsgruppe Random House GmbH
© 1999 by Victoria Moran
Originaltitel: Creating a Charmed Life
Originalverlag: HarperCollins Publishers, Inc., New York
Umschlaggestaltung: Uno Werbeagentur, München
Umschlagmotiv: © Mauritius/Grafica; Yole, Laforge
Redaktion: Dagmar Rosenberger
Satz: Barbara Rabus
Druck und Bindung: GGP Media GmbH, Pößneck
FK · Herstellung: IH
Printed in Germany
ISBN 978-3-442-17114-1

www.mosaik-goldmann.de

Inhaltsverzeichnis

Vorwort 9

Einleitung 13

1. Verzaubern Sie Ihr Leben 17

2. Treten Sie ins Rampenlicht 22

3. Spielen Sie Ihren Joker aus 27

4. Nehmen Sie sich zehn Minuten 32

5. Machen Sie jeden Tag Ferien 36

6. Sparen Sie Energie 40

7. Geben Sie das Bergsteigen auf 45

8. Leben Sie mit dem Unabänderlichen 51

9. Seien Sie verschwiegen 56

10. Genießen Sie Ihre exzentrischen Seiten 61

11. Seien Sie nicht zu 66

12. Tun Sie das, was als Nächstes an der Reihe ist . . 69

13. Leben Sie in Kapiteln 74

14. Gönnen Sie sich eine Auszeit. 79

15. Vereinfachen Sie Ihr Leben. 84

16. Genießen Sie eine Tasse guten Kaffee 90

17. Werden Sie ein Star. 95

18. Halten Sie inne 101

19. Atmen Sie 106

20. Erledigen Sie Unangenehmes 111

21. Bitten Sie um das, was Sie haben möchten 114

22. Werden Sie eine gelassene Frau. 118

23. Suchen Sie nach Ihrer Wellenlänge. 123

24. Wachsen Sie in schweren Zeiten 128

25. Beschließen Sie, dass Sie schön sind 132

26. Erfreuen Sie sich an Kleinigkeiten 138

27. Fühlen Sie mit 142

28. Staunen Sie wie ein Kind 146

29. Geben Sie einen Schuss Romantik dazu 151

30. Zählen Sie Ihre Pluspunkte zusammen 156

31. Erwarten Sie das Gute. 161

32. Machen Sie Ihr Bett 165

33. Verbannen Sie die kleinen Ärgernisse 169

34. Seien Sie sich selbst treu 173

35. Verpassen Sie Ihrem Leben ein Update 178

36. Ehren Sie das Alltägliche. 182

37. Lassen Sie sich mal wieder bedienen. 186

38. Buddeln Sie in der Erde 191

39. Stellen Sie das Rauschen ab 195

40. Fühlen Sie sich zu Hause. 199

41. Schließen Sie Waffenstillstand mit der Uhr. 204

42. Suchen Sie sich Glücks-Quickies. 210

43. Seien Sie eine »Dame« 215

44. Bauen Sie seelisches Kapital auf 219

45. Feiern Sie Ihre Rituale. 223

46. Lassen Sie Wunder geschehen. 227

47. Lernen Sie etwas Neues. 231

48. Akzeptieren Sie die Dinge, wie sie sind 235

49. Vertrauen Sie Ihren Instinkten 240

50. Machen Sie Fehler. 244

Danksagung 249

Vorwort

VON RICHARD CARLSON

Der einzige Grund, warum ich zuerst gezögert habe, das Vorwort zu diesem Buch zu schreiben, war – Sie ahnen es schon –, dass ich ein Mann bin. Ich habe gedacht: »Wie kann ich ein angemessenes Vorwort für ein Buch schreiben, das für Frauen geschrieben worden ist?«

Ich fasse es als besonderes Privileg auf, Sie in dieses schöne und wichtige Buch einführen zu dürfen. Es ist für mich ein großes Geschenk, ein Freund und Kollege von Victoria Moran zu sein – einem der aufrichtigsten, weisesten und freundlichsten Menschen, den ich je getroffen habe.

Als ich Victoria kennenlernte, war ich von ihrer scheinbar mühelosen Lebensweise beeindruckt. Damit will ich nicht sagen, dass sie nicht hart arbeitet oder dass sie nicht auch ihr Päckchen mit schwierigen Herausforderungen zu tragen hat – das hat sie ganz sicher. Dennoch gibt es etwas an ihr, das ihr Leben so einfach erscheinen lässt, als ob es irgendwie verzaubert wäre. Heute weiß ich, dass ihr Leben tatsächlich verzaubert ist, nicht weil es ihr die Umstände leicht gemacht hätten, sondern allein als Lohn ihrer eigenen Bemühungen.

Ihr Geheimnis liegt in ihrer Fähigkeit, die kleinen, alltäglichen Dinge zu sehen, zu bestaunen und sich an ihnen zu erfreuen. Sie lässt selbst langweilige, lästige Pflichten, ständige Ärgernisse oder schmerzhafte Erfahrungen zu wundersamen Erlebnissen werden, die das Leben bereichern. Sie kann eine Situation, die die meisten Menschen als mühevoll ansehen würden, zu einer bereichernden Lehrstunde werden lassen. Oder sie findet inmitten eines hektischen Tages eine Insel des Friedens. Wenn man ihr nur zehn Minuten Zeit gibt, wird sie eine Möglichkeit finden, diese wenigen Momente wie einen Kurzurlaub zu genießen.

Das Beste daran: Victoria Morans Gabe, das Glück in den kleinen Dingen zu finden und mit ihnen ihr Leben zu verzaubern, kann jeder besitzen. In ihrem Buch werden Sie mit 50 wirkungsvollen und praktischen Strategien beschenkt, die Ihnen helfen, den Zauber Ihres eigenen Lebens zu entdecken. Durch die Lektüre werden Sie neue Wege finden, um sich selbst zu verwöhnen, Ihre Stimmung aufzuhellen, effektiver und einfühlsamer zu werden, Ihr Leben zu lieben, sich zu entspannen und alles ein bisschen leichter zu nehmen.

Ich weiß, dass Victoria dieses Buch für Frauen geschrieben hat, aber ich muss sagen, dass sogar ich als Mann jede Seite geliebt und großen Nutzen für meinen Alltag daraus gezogen habe. Es hat mir auch gezeigt, wie ich meine Frau Kris und unsere beiden Töchter dabei unterstützen kann, ihre eigene Art zu finden, ein wundervolles Leben zu führen.

Wie Victoria glaube auch ich, dass ich ein verzaubertes Leben habe. Das ist der Grund, warum sie ausgerechnet mich auserkoren hat, dieses Vorwort zu schreiben. Mit wenigen Ausnahmen wache ich jeden

Morgen auf und danke Gott für den neuen Tag. Dann frage ich mich, welche spannenden Ereignisse und Herausforderungen heute auf mich warten. Ich habe gelernt, dass es zu einem verzauberten Leben gehört, viele kleine Entscheidungen zu treffen und sich positive, das Leben und die Liebe bekräftigende Rituale zu schaffen. Wie das geht, zeigt dieses Buch.

Ich hoffe, Sie werden dieses Buch immer wieder aufs Neue genießen. Es enthält einfache Weisheiten, die in einer Reihe von schönen Essays dargeboten werden. Viel Glück, und möge Ihr Leben verzaubert werden!

Einleitung

Wir glauben, dass nur andere ein verzaubertes Leben führen können. Ich weiß jedoch ganz sicher, dass auch Sie sich ein Leben erschaffen können, in dem es zum Alltag gehört, wunderbare und unerwartete Entdeckungen zu machen, und in dem die Dinge ganz einfach so laufen, wie Sie es sich wünschen. *Das Glück der kleinen Dinge* ist eine Anleitung, um genau das zu tun. Ein verzaubertes, unbeschwertes Leben zu führen ist nicht nur exklusiven Clubmitgliedern vorbehalten, es ist für jeden möglich, der bereit ist, die notwendige Vorarbeit zu leisten.

Das gilt natürlich für Männer ebenso wie für Frauen. Ich habe dieses Buch deshalb für Frauen geschrieben, weil ich aus persönlicher Erfahrung weiß, wie man sich als Frau ein verzaubertes Leben erschaffen kann. Ebenso kenne ich die vielfältigen Anforderungen, die heute an Frauen gestellt werden: Anforderungen, die die kleinen Dinge von der Prioritätenliste verschwinden lassen.

Meine 50 Geheimnisse basieren jedoch auf universellen Wahrheiten, und sie sind zu einem großen Teil nicht geschlechtsspezifisch. Sie können viele von ihnen mit Ihrem Mann, Ihrem Freund oder Ihrem Bruder teilen, ebenso wie mit Ihrer Mutter oder Ihrer besten Freundin. Auf diese Weise werden Sie nicht nur ein verzaubertes Leben erschaffen, sondern Sie werden auch von Menschen umgeben sein, die Sie unterstützen.

Lassen Sie mich Ihnen kurz erläutern, auf welchem Hintergrund dieses Buch entstanden ist. Ich habe schon früh geglaubt, dass ich ein verzaubertes Leben führe – oder etwas in dieser Art. Außergewöhnliche Erfahrungen, wie Reisen und Begegnungen mit berühmten Menschen, gab es in meiner Kindheit und Jugend in Hülle und Fülle. Aber ich hatte eine Abneigung gegen mich selbst, kämpfte mit einer Essstörung und hatte eine Liste von Ängsten, die aus dreiundachtzig Einträgen bestand.

Es war Dede, eine bemerkenswerte ältere Frau, die bei meiner Erziehung half, die mir die Magie des Lebens zeigte und mir ihre Prinzipien beigebracht hat. Wenn sie mit mir sprach, bezog sie sich gern auf Emerson und die Bibel und benutzte treffende Sprichwörter, die sie immer mit den Worten einleitete: »Es gibt da eine alte Redensart …« Doch auch Dede hatte nicht auf all meine Fragen eine Antwort.

Als Erwachsene habe ich deshalb mein Leben der Suche nach den fehlenden Antworten gewidmet. Diese Suche hat mich nach Tibet und Indien und wieder zurück nach Hause geführt. Was ich Ihnen auf den folgenden Seiten anbiete, ist das, was ich gelernt habe. Ich wende mit Sicherheit nicht alles davon ständig an, aber das ist auch nicht nötig. Suchen Sie sich die Anleitungen und Denkanstöße heraus, die Ihnen am besten gefallen und Ihnen am meisten helfen. Beginnen Sie da, wo Sie gerade stehen, um Ihr Leben dorthin zu bringen, wo Sie es haben möchten. Sie benötigen dazu nicht mehr Zeit, Geld oder Elan, als nötig waren, um sich dieses Buch zu kaufen.

I.

Verzaubern Sie Ihr Leben

*So wie das Schreibenlernen für kleine Kinder leichter ist,
wenn sie große, dicke Stifte benutzen, ist es leichter,
sich ein verzaubertes Leben zu erschaffen, wenn Sie große,
dicke Träume haben.*

Im Märchen war »verzaubert sein« das Gegenteil von »verflucht sein«. Heute sollen wir an beides nicht mehr glauben und tun es dennoch. Jedesmal, wenn wir »Hab' ich's doch gewusst!« und »Das war zu schön, um wahr zu sein« sagen, stellen wir unseren Glauben an Verwünschungen unter Beweis.

Wir glauben auch an verzauberte Leben – zum Beispiel dann, wenn eine andere Frau ihr eigenes Büro bekommt, in ein Appartement mit Flussblick umzieht und dann einen Mann heiratet, der stark an Ritter Lancelot aus der Artussage erinnert. Das reicht völlig aus, um uns zu überzeugen, dass einige Frauen eine gute Fee haben, die gern Überstunden macht, während unsere eigene vorzeitig in Rente gegangen ist.

Die Fakten widerlegen diesen Aberglauben jedoch. Menschen, die ein glückliches Leben führen, haben keine magische Assistentin, und sie sind auch nicht besser oder intelligenter als andere. Sie haben bloß die Einstellungen, Begabungen und Neigungen in die Praxis umgesetzt, die, ob sie es nun wissen oder nicht, ihr Leben verzaubern.

Wenn man die Grundsätze des verzauberten Lebens in jungen Jahren gelernt hat, hat man einen Vorsprung, aber man kann sie ebenso gut auch noch später erlernen, und vielleicht weiß man sie dann sogar noch mehr zu schätzen.

Unabhängig davon, wann Sie diese Grundsätze entdecken, werden sie Ihnen ein verzaubertes Leben bescheren – ein Leben voller Reichtum, Fülle, Sinn und eines, das Sie leichter bewältigen können. Fangen Sie also am besten gleich an:

Machen Sie sich die Wunder bewusst, die bereits Teil Ihres Lebens sind. Wo standen Sie am Anfang? Worauf sind Sie besonders stolz? Was beherrschen Sie? Was haben Sie erreicht? Wem haben Sie geholfen? Welche tollen Menschen haben Sie sich als Freunde, als Ihren Partner, als Ihre Kinder ausgesucht? All das ist das Kapital, mit dem Sie arbeiten können. Seien Sie sich dessen bewusst und empfinden Sie Dankbarkeit. Es gibt kaum etwas Traurigeres als einen Menschen, der zahllose Voraussetzungen für ein verzaubertes Leben mitbringt und dies einfach nicht sehen will.

Denken Sie als Nächstes über Ihr Leben nach, so wie es im Moment aussieht. Wie viel Ihrer Zeit, Anstrengung und Aufmerksamkeit verwenden Sie darauf, gute und intensive Beziehungen zu führen, klug Erfahrungen auszuwählen und Ihre persönlichen Ziele zu verfolgen? Zu wenig? Da geht es Ihnen so wie den meisten Menschen. Dabei ist nichts weiter dafür erforderlich als eine Verschiebung Ihrer Prioritäten. Ein verzaubertes Leben erschafft man sich, indem man einfach ein paar Dinge tut, die man bisher noch nicht getan hat. Die Zeit, um diese Dinge zu tun, gewinnen Sie, indem Sie das aus Ihrem Leben entfernen, was Ihnen nicht dient. Dann erfüllen Sie die übrigen Aufgaben viel leichter, schneller und besser.

Entscheiden Sie, wie das Leben, das Sie haben möchten, aussehen soll. Dabei handelt es sich nur um einen Entwurf. Er ist nicht in Beton gegossen, und wann immer Sie möchten, können Sie den Plan von Ihrem idealen Leben verändern. Beginnen Sie mit den Konturen – ausmalen können Sie das Bild später –, und haben Sie keine Hemmungen. So wie das Schreibenlernen für kleine Kinder leichter ist, wenn sie große, dicke Stifte benutzen, ist es leichter, sich ein verzaubertes Leben zu erschaffen, wenn Sie große, dicke Träume haben.

Es macht nichts, wenn Ihre Träume unrealistisch erscheinen oder voller Widersprüche sind. Deborah Shouse, eine wunderbare Schriftstellerin und Freundin von mir, hat ihre paradoxen Wünsche in Form einer

Kindheitserinnerung beschrieben: »Ich wollte auf Sand gehen und keine Spur hinterlassen, aber ich wollte auch eine Sandburg bauen und mich verewigen.« Im Reich der verzauberten Leben ist alles möglich, denn es geschieht in unserem Geist. Auch wenn so profane Dinge zu Ihren Zielen gehören wie das Bett zu machen (vergleichen Sie Geheimnis 32), so ist die Grundlage für ein wunderbares Leben doch eine wachsende Überzeugung, dass Sie aus einem ganz bestimmten Grund hier sind und eine Aufgabe zu erfüllen haben.

Was wir ein »verzaubertes« Leben nennen, ist das Leben, das Ihnen zugedacht ist, ein Leben, in dem es darum geht, nach den Sternen zu greifen, wenn Sie bereit sind, Ihre Angst vor dem Fliegen zu überwinden.

2.

Treten Sie ins Rampenlicht

Regelmäßig zu »leuchten« ist für Sie und
für die Menschen in Ihrer Umgebung genauso
unerlässlich, wie regelmäßig zu duschen.

Jeder Mensch braucht Zeit zum »Leuchten«; Zeit, um etwas Besonderes zu sein und bewundert zu werden. Das ist nicht selbstsüchtig, nur menschlich.

An einem Samstagmorgen sah ich in der Lokalzeitung, dass an eben jenem Morgen ein Workshop für Blues-Musiker stattfinden sollte. Ich zeigte die Ankündigung meinem Mann, der vorhat, der weltbeste Blues-Harmonikaspieler zu werden. »Ich würde gern hingehen«, sagte er, »aber ich habe dir versprochen, dein Büro zu streichen.« Ich versicherte ihm, dass das Büro warten könne, und schickte ihn mit meinem Segen zu dem Workshop.

Er glaubte, ich sei selbstlos und wunderbar, aber in Wirklichkeit stimmte das nicht. Ich hatte in dieser Woche viel Zeit zum Leuchten gehabt – Erfolg in meinem Beruf, ein Mittagessen mit fünf meiner besten Freundinnen und eine Massage, die mir eine ganze Stunde voller Luxus beschert hatte. Ich war immer noch erfüllt von alledem.

Wenn man in der Sonne badet, ist es ganz normal, dass man diejenigen, die man liebt, auch gern dort sehen würde. Wenn man jedoch selbst nicht genug Zeit zum Leuchten bekommt, wird man egoistisch, beginnt zu jammern und bemitleidet sich selbst.

Es kann sogar noch schlimmer kommen: Diejenigen, die nicht genug leuchten, neigen dazu, anderen Menschen ihre Errungenschaften zu neiden und ihren Träumen einen Dämpfer aufzusetzen. Manchmal sabotieren sie sogar das Potenzial ihrer eigenen Kinder, weil ihr Bedürfnis nach persönlicher Anerkennung nicht befriedigt wird. Eltern, die ihre Kinder davon abhalten, einer musischen Begabung oder einer Sportart nachzugehen, »weil es zu aufwendig ist«, gehören zu dieser

Kategorie. Genau wie die, die ihre Kinder zu überzogenen akademischen oder sportlichen Leistungen antreiben. Sie versuchen, über den Glanz ihrer Kinder selbst etwas Licht abzubekommen.

Regelmäßig zu leuchten ist für Sie und die Menschen in Ihrer Umgebung genauso unerlässlich, wie regelmäßig zu duschen.

Sie können die Zeit zum Leuchten auf tausendundeine Weise bekommen:

✦ *Tun Sie das, was Sie gut können.* Wenn Sie eine gute Schwimmerin sind, dann schwimmen Sie. Wenn Sie eine gute Näherin sind, dann nähen Sie.

✦ *Verbringen Sie Zeit mit Menschen, die Sie großartig finden, und die Ihnen das auch sagen.*

✦ *Feiern Sie sich selbst.* Verleihen Sie wichtigen Anlässen in Ihrem Leben einen angemessenen Rahmen, indem Sie Freunde einladen und Sie sich hochleben lassen. Werden Sie nie zu alt, um Geburtstage zu feiern.

❧ *Schenken Sie lieben Menschen Zeit zum Leuchten und lassen Sie sie genießen.* Notieren Sie sich, was anderen Menschen wichtig ist, was sie gern feiern. Nehmen Sie ihre Erfolge wahr. Lassen Sie ein aufrichtiges Kompliment nie unausgesprochen.

❧ *Spielen Sie Ihre Erfolge nicht herunter* nach dem Motto: »Die Beförderung hätte ich sowieso bekommen, ich war einfach an der Reihe.«

❧ *Wenn Sie im Rampenlicht stehen, laden Sie andere ein, den Ruhm mit Ihnen zu teilen.* Denken Sie an die Empfänger eines Oscars, die allen Menschen namentlich danken.

❧ *Wenn die Welt Sie nicht wahrnimmt, dann nehmen Sie sich selbst wahr.* Kaufen Sie sich selbst ein Geschenk. Schicken Sie sich Blumen. Laden Sie sich selbst in Ihr Lieblingsrestaurant ein.

Niemand steht pausenlos im Rampenlicht. Akzeptieren Sie, dass Sie nicht immer leuchten können. Auch der Mond steht ja nicht immer voll im Licht der Sonne. Die

Phasen des Mondes reichen von Neumond bis Voll-
mond, und bei uns ist es genauso. Wir haben trotzdem
immer unseren vollen Wert, wir ziehen bloß zu gewissen Zeiten mehr Aufmerksamkeit auf uns als in anderen Phasen.

3.

Spielen Sie Ihren Joker aus

Wir können die Gaben, mit denen wir ins Leben
gestartet sind, geschickt einsetzen, um uns mit den
Dingen auszustatten, die uns fehlen.

Beim Bingospiel beginnt jeder Spieler mit einem Joker, dem freien Spielfeld in der Mitte. Weil jeder ein solches Feld bekommt, denkt niemand lange darüber nach, aber das freie Feld ist für den Sieg genauso wertvoll wie die Felder B-7 oder O-69.

Auch im richtigen Leben haben wir unsere »Joker«: Talente, Fähigkeiten und Begabungen, die uns gewisse Dinge fast mühelos erledigen lassen. Vielleicht können wir singen oder wir sind gut in Mathematik oder haben einen Draht zu Kindern. Aber wenn jemand etwas über unseren Joker sagt, dann antworten wir meistens: »Oh, ja. Aber das ist doch nichts Besonderes.« Weil wir

– wie der Bingospieler – nichts leisten mussten, um den Joker zu bekommen.

Wir machen uns das Leben schwer, wenn wir unseren Joker nicht ins Spiel bringen, und verlieren wertvolle Punkte. Wir putzen uns in dem Versuch, etwas sein zu wollen, was wir nicht sind, ständig herunter. Wir arbeiten unser Leben lang daran, unsere eckigen Stifte in runde Löcher oder unser eckiges Selbst in das runde Ideal der Medien einzupassen. Wenn wir jedoch unsere Joker erkennen und schätzen, dann merken wir, dass der Schlüssel zu unserem Erfolg gerade darin liegt, dass wir so sind, wie wir sind. Wir können die Gaben, mit denen wir ins Leben gestartet sind, einsetzen, um uns mit den Dingen auszustatten, die uns fehlen.

Wenn Sie sich nicht im Klaren darüber sind, wo Ihr Joker liegt (es können auch mehrere sein!), dann beantworten Sie die folgenden Fragen: Gibt es einen Bereich in Ihrem Leben – es könnte auch einer sein, den Sie bisher als unbedeutend angesehen haben –, in dem immer wieder und wie von selbst gute Dinge passieren? Haben Sie eine Begabung für etwas, was Ihnen so natürlich erscheint, dass Sie nicht begreifen können, warum sich andere Menschen damit herumplagen? Wofür bekommen Sie Komplimente? Wie würden Sie den Satz beenden: »Ich habe einfach ein Talent für …«

Ihre Antworten könnten darauf hinweisen, dass Sie, genau wie meine Tochter Rachael, eine Gabe für Geld haben. Dieses Kind hat immer eine besondere Beziehung zu Geld gehabt, und zwar sowohl dafür, es zu bekommen, wie dafür, es zu behalten. Als sie erst drei Jahre alt war, unterbrach sie einmal eine Debatte unter Erwachsenen, um anzumerken: »Wenn ich ein Sparkonto hätte, das Zinsen bringen würde, dann könnte ich Ihnen ein Darlehen geben.«

Oder Sie könnten wie ich eine Gabe für die Begegnung mit Menschen haben. Mir laufen oft Menschen über den Weg, die hilfsbereit, faszinierend und manchmal sogar berühmt sind. Ich treffe sie im Bus, in Cafés, im Aufzug. Es passiert einfach.

Vielleicht haben Sie auch wie meine Freundin Francesca einen fast unheimlichen Hang, etwas zu gewinnen. Seit ich sie kenne, hat sie ein Faxgerät, einen

Ford Escort und eine Reise nach Disney World gewonnen. Was sie nicht gewinnt, kann sie normalerweise im Großhandel kaufen.

Sobald Sie einmal Ihre Joker ausgemacht haben, spielen Sie sie aus, indem Sie mit dem, was Ihnen leicht fällt, das ausgleichen, was Ihnen schwer fällt. Als Francesca zum Beispiel das Faxgerät gewann, hatte sie bereits mehrere Wochen lang ohne Erfolg versucht, eine Arbeit zu finden. Sie dachte daran, ihren Gewinn zu verkaufen, denn sie hätte das Geld gut gebrauchen können. Aber Francesca ist eine Frau, die ihren Joker ernst nimmt. Sie entschied, dass der Himmel sie nicht mit diesem technischen Spielzeug beglückt hätte, wenn sie es nicht auch benutzen sollte. Um das Ding auszuprobieren, faxte sie ihren Lebenslauf einigen Personalchefs zu. Die Firma, die sie am meisten interessierte, antwortete prompt und stellte sie ein.

Wenn Sie das nächste Mal meinen, dass sie nicht die erforderlichen Dinge besitzen, um das Leben zu bekommen, das Sie sich wünschen, dann bitten Sie Ihren Joker um Hilfe. Vielleicht ist Ihr besonderes Geschenk auf den ersten Blick nicht gerade das, was Sie im Moment brauchen, aber Francescas Faxgerät sah auch nicht wie ein Stellenangebot aus. Nutzen Sie Ihre Glückskarte. Lassen Sie sie für sich arbeiten. Bingo!

4.

Nehmen Sie sich zehn Minuten

Wenn Ihr Pflichtbewusstsein Ihnen sagt,
dass Sie es sich nicht leisten können, sich Zeit
für die Stille zu nehmen, sollten Sie wissen,
dass Sie es sich nicht leisten können, es nicht zu tun.

Viele Frauen versuchen, Job, Ehemann und Kinder unter einen Hut zu bringen. Oder Job, Ex-Ehemann und Kinder. Einige haben eine Achtzig-Stunden-Woche und bekommen regelmäßig diese Zettel von der Reinigung, auf denen sie gewarnt werden, dass ihre Lieblingsjacke dem Deutschen Roten Kreuz gespendet wird, wenn sie sie nicht bald abholen. Da bleibt nicht viel Zeit für die Seele, aber ohne sie ist es unmöglich, ein verzaubertes Leben zu führen.

Sich jeden Tag etwas Zeit für die Seele zu nehmen ist das Heilmittel für alle Überarbeiteten, egal, ob die

Stressquelle nun die Arbeit, die Familie, innere Leere oder eine Kombination von allem ist. Aufmerksamkeit, die der Seele geschenkt wird, lädt Ihre Akkus wieder auf. Sie ist eine Energiequelle, die nicht versiegt.

Sie zapfen diese Energiequelle am einfachsten an, indem Sie jeden Tag eine bestimmte Zeit für Meditation, Gebet, Tagebuch schreiben oder eine inspirierende Lektüre reservieren. Befürworter der Meditation garantieren Ihnen inneren Frieden, wenn Sie jeden Tag eine Stunde in absichtsvoller Stille verbringen; andere empfehlen je zwanzig Minuten morgens und abends.

Meine Freundin Elizabeth hat mir beigebracht, wie wichtig es ist, die Zeit, die ich erübrigen kann, in Stille zu verbringen. Als Elizabeth in den Zwanzigern war, kam sie gerade frisch von der Universität, hatte ihr Diplom in Wirtschaftswissenschaften in der Tasche und suchte nach einer Weltanschauung, die funktionierte. Sie hatte die Religion ihrer Kindheit aufgegeben und keinen passenden Ersatz gefunden. Die Arbeitswelt erschien rauer als das akademische Leben, und trotz ihres Diploms sah sie ihr mit einigem Grauen entgegen.

Sie sprach über diese Ängste mit ihrem Vater – der ihr plötzlich sehr viel weiser vorkam als damals, als sie mit 18 ihr Zuhause verlassen hatte –, und er gab ihr ein Zitat aus einem alten Buch mit dem Titel *Das Geheimnis der goldenen Blüte* mit auf den Weg: »Wenn du auch nur zehn Minuten am Tag still sein kannst, wird dir das zahllose Leben und eintausend Ewigkeiten ersparen. Wenn du es nicht tust, strömt das Licht aus, ich weiß nicht wohin.« Sie nahm den Rat an und sah diese zehn Minuten als ihren Prüfstein, während sie die unzähligen Wahlmöglichkeiten, die sich ihr boten, erforschte. Das ist jetzt 15 Jahre her, aber dieser Rat gab ihr eine so klare Richtung, dass sie die Passage immer noch wörtlich zitieren kann.

Was auch immer erforderlich sein sollte, um von jedem Tag zehn Minuten Stille abzuzwacken, lassen Sie das zu Ihrer höchsten Priorität werden. Sie können sich diese Zeit auf unterschiedliche Weise nehmen: Stellen Sie Ihren Wecker etwas früher als Ihre Mitbewohner, bleiben Sie zehn Minuten länger im Büro als alle anderen oder gehen Sie auf dem Nachhauseweg in eine

Kirche und gönnen Sie sich diese kurze Zeit, um zu sich selbst zu finden.

Wenn Ihr Pflichtbewusstsein Ihnen sagt, dass Sie es sich nicht leisten können, sich Zeit für die Stille zu nehmen, sollten Sie wissen, dass Sie es sich nicht leisten können, es nicht zu tun. Um sicherzugehen, dass ich jeden Morgen Zeit für mich habe, zünde ich eine Kerze auf meinem Nachttisch an, sobald ich aufwache. (Es ist eine Vanillekerze; das Leben ist zu kurz, um Kerzen abzubrennen, die nicht duften.) Wenn ich aus der Dusche komme und mein Verstand schon wieder all die wichtigen Dinge aufzählt, die ich zu tun habe, scheint die Kerze zu sagen: »Immer mit der Ruhe, du hast noch zehn Minuten.« Wenn ich mir diese zehn Minuten nehme, bleibt etwas von ihrer Beständigkeit und Klarheit bei mir. Der Tag bekommt eine Anmut und Leichtigkeit, die ich mir nicht verdienen muss. Ich muss sie einfach nur genießen.

5.

Machen Sie jeden Tag Ferien

Sehen Sie Ihr Leben als ausgedehnten Arbeitsurlaub an.
Seien Sie Touristin in Ihrer Heimatstadt und in Ihrem
eigenen Leben.

Wenn Sie Touristin sind, ist der Ort, an dem Sie sich gerade befinden, der allerwichtigste, den es auf der Welt gibt. So war es, als Sheree Bykofsky, eine Literatur-agentin aus New York, mich in Kansas City besuchte. Sie reist sehr viel, aber als ich ihr mit dem Auto die Umgebung zeigte, benahm sie sich wie eine Zweitkläss-lerin auf ihrem ersten Schulausflug. Alles war faszinie-rend für sie. Sie machte Schnappschüsse von meinem Haus, meinem Mann, dem jungen Hund meines Nach-barn. Ich nahm sie in den Supermarkt mit, wo sie wei-tere Filmrollen kaufte. Sie machte Aufnahmen von den Geschäften: Prospero's Buchladen, Muddy's Kaffeehaus und dem Secondhandladen mit Kleidern aus Theaterbeständen.

Später schrieb sie mir: »Mir hat Kansas City wahnsinnig gut gefallen.« Ich glaube, das stimmt. Ich glaube auch, dass jemand mit Sherees Fähigkeit, vollkommen im Hier und Jetzt zu leben, gleichermaßen verliebt in Cincinnati, Avignon oder Düsseldorf wäre. Menschen wie sie sind so voller Leben, dass sie das Schöne um sich herum immer entdecken werden, egal wo sie sind. Sie verkörpern eines der Geheimnisse eines verzauberten Lebens: das Ferienprinzip.

Sobald Sie es verinnerlicht haben, leben Sie so, als ob Sie immer auf Urlaub wären. Sie kosten jede Minute aus und sammeln Erinnerungen wie Schnappschüsse. Entspannen und Spaß haben werden zu Ihren Prioritäten. Sie haben mehr Geduld, wenn Sie irgendwo anstehen müssen, sich verfahren und einen Umweg machen müssen. Sie können von etwas hingerissen sein, das normalerweise nur von geringem Interesse wäre: ein kleiner Park, ein schönes Haus, ein Friedhof oder ein Mann, der wie eine riesige Maus aussieht. Der

Grund dafür ist, dass Sie sich in eine Stimmung gebracht haben, in der Sie alles aufsaugen: Sie sind im Urlaub und sind fest entschlossen, eine tolle Zeit zu haben und jeden Augenblick zu genießen.

Wachen Sie auf! Sie *sind* im Urlaub. Sie werden nicht für immer hier sein und dürfen deshalb nichts verpassen. Vielleicht werden Sie zum ersten Mal das Verlangen spüren, die Museen und Kirchen an Ihrem Wohnort zu besuchen. Und der Veranstaltungskalender der Volkshochschulen kann die Fahrkarte für eine spannende Entdeckungstour sein.

Wenn Sie nach dem Ferienprinzip leben, werden Sie Ihre Umwelt ganz neu sehen. Farben werden lebhafter, Klänge deutlicher, Gerüche intensiver. Das geschieht, weil Sie den Dingen plötzlich mehr Aufmerksamkeit schenken. Auch Ihr Gedächtnis wird besser, weil Sie mehr Bilder finden, die sich festzuhalten lohnen. Ihr Energiepegel steigt, weil Sie durch Ihre Neugierde, Ihre Leidenschaft und Ihre Faszination angeregt werden.

Sehen Sie Ihr Leben als ausgedehnten Arbeitsurlaub an. Finden Sie Ecken und Winkel, die Sie erforschen können, Seitenstraßen, in denen Sie herumschlendern können, und Ufer, an denen Sie entlanggehen können. Halten Sie inne, um eine schöne Landschaft in sich aufzunehmen. Sprechen Sie eine andere Sprache. Fahren Sie Karussell. Seien Sie Touristin in Ihrer Heimatstadt und in Ihrem eigenen Leben.

Wenden Sie das Ferienprinzip an, wenn Sie sich selbst bemitleiden, weil Sie Ihren Willen nicht bekommen haben. Selbst wenn Sie sich, bildlich gesprochen, am Ende der Welt befinden, obwohl Sie eigentlich nach Paris wollten, sind Sie trotzdem noch im Urlaub. Sie können dennoch eine wunderbare Zeit haben, und Paris läuft Ihnen nicht weg. Wenn Sie nach dem Ferienprinzip leben, müssen Sie nicht mehr jedem aufregenden Ereignis nachhängen, als ob Sie nie wieder was erleben würden. In der Gewissheit, dass das Leben unendlich viele Erfahrungen für Sie bereithält, können Sie jede zu ihrer Zeit leichter loslassen. Ihre Erlebnisse werden ganz unterschiedlich und vielseitig sein, und jedes wird zu einer zauberhaften Erinnerung werden.

6.

Sparen Sie Energie

Befreien Sie sich von gierigen Energieräubern, und Sie
werden nur noch aus triftigen Gründen müde werden.

Fast jede Frau, die ich kenne, fühlt sich ein bisschen
müde oder ist sogar vollkommen erschöpft. Die Ursa-
che für diese körperliche und geistige Erschöpfung ist
unser Versuch, an Atlas' Stelle zu treten. Wir fühlen uns
für so viele Menschen und Aufgaben verantwortlich,
dass es uns so vorkommt, als ob wir die Welt auf unseren Schultern trügen. Das macht uns müde, bevor
wir überhaupt aufgestanden sind. Natürlich haben wir
Verantwortung zu tragen, aber sich ganz allein für unsere Kunden, unsere Ehegatten und die Kinder verantwortlich zu fühlen, ist einfach zu viel.

Als meine Tochter Rachael im Vorschulalter war,
wollte ich sie während eines turbulenten Fluges beruhi-

gen, indem ich zu ihr sagte: »Es ist in Ordnung, Liebling. Egal, was passiert – wir sind zusammen.« Sie sah mich feierlich an und sagte: »Ich wäre lieber allein und lebendig.« Ich musste ein Lachen unterdrücken, aber die Lektion war eindeutig. Selbst in meiner verantwortungsvollsten Aufgabe bin ich nicht unentbehrlich.

Eine realistische Einschätzung der Verantwortung, die Sie übernommen haben, kann der erste Schritt sein, um mit Ihrer Energie besser hauszuhalten und die sechs häufigsten Energieräuber in den Griff zu bekommen:

Zu viel reden. Eine Unterhaltung kann anregend, lehrreich, therapeutisch und verbindend sein, aber wir laugen uns aus, indem wir ständig über Nichtigkeiten plaudern. Meine Oma pflegte mir zu sagen, dass jeder Satz, bevor man ihn ausspricht, an drei Türhütern vorbei müsse. Der erste fragt: »Ist das wahr?« Der zweite: »Ist das notwendig?« Und der dritte: »Ist das freundlich?« Wenn ich an diesen klugen Satz denke, rede ich weniger und sage mehr.

Schlafmangel. Forscher sagen, dass die meisten Erwachsenen nicht genug schlafen. Unser unbegrenzter Koffeinkonsum trägt noch dazu bei. Nach dem indischen Ayurveda wachen Menschen, die sich angewöhnen, spätestens um zehn Uhr abends ins Bett zu gehen, frühmorgens ohne Wecker auf und sind ausgeruht und energiegeladen. Es lohnt sich, es auszuprobieren.

Überzogene Erwartungen. Der Versuch, ein Haus zu haben, das so sauber ist wie das Ihrer Mutter, einen Körper, der so schlank ist wie der eines Fotomodells, und ein Bankkonto, das so dick ist wie das von Donald Trump, würde jeden Menschen an den Rand der Erschöpfung bringen. Weniger ist mehr: Wenn Sie regelmäßig am Samstag putzen, dreimal pro Woche Sport und keine Schulden machen, dann geht es Ihrem Heim, Ihrer Figur und Ihren Finanzen gut.

Die Integritätskluft. Täglich die Kluft zwischen dem Menschen, der wir sind, und dem, der wir sein möchten, zu überbrücken, erfordert unglaubliche Anstrengung. Eine Sache zu sagen und eine andere zu tun ist einer der Hauptenergieräuber. »Das halten, was man verprochen hat«, ist nicht umsonst ein Grundprinzip des menschlichen Zusammenlebens.

Klatsch. Sich durch Klatsch und Lästern ein Gefühl von Überlegenheit zu verschaffen (»Ich kann nicht glauben, dass sie das wirklich getan hat!«) und zur Mitwisserin einer angeblichen Vertraulichkeit zu werden (»Natürlich werde ich es niemandem weitersagen.«), ist nicht nur unfreundlich, es erfordert auch mehr Energie, als die meisten von uns erübrigen können. Informationen abzuspeichern, egal, ob sie nun wahr oder erfunden sind, erhöht unsere geistige Belastung. Die angelsächsische Redensart »Informationen mit sich herumtragen« trifft es gut, weil Sie sie wirklich »tragen« müssen – und sie verstecken, sich über sie Sorgen machen und sie immer auf den neuesten Stand bringen müssen.

Predigen. Bei jeder Gelegenheit unsere philosophischen Weisheiten feilzubieten ist nicht nur eine großartige

Möglichkeit, zur unerträglichen Langweilerin zu werden, sondern auch ein direkter Weg, sich bis zur absoluten Erschöpfung zu verausgaben. Wenn das, was Sie glauben oder tun, Ihr Leben verändert, dann werden andere das von selbst bemerken und mehr erfahren wollen. Oder Ihre Handlungen sprechen eine so deutliche Sprache, dass Sie nichts dazu sagen müssen.

Befreien Sie Ihr Leben von diesen gierigen Energieräubern, und Sie werden nur noch aus triftigen Gründen müde werden. Gesunde körperliche Betätigung gehört zu diesen Gründen. Aber Sie werden auch mit Recht gähnen, wenn Sie erledigt sind, weil Sie Ihren Job getan, Ihre Beziehungen gepflegt und sich in eine Erfahrung vertieft haben, die Ihrem Leben Sinn und Schwung verleiht. Diese Art von Müdigkeit ist gesund und heilbar. Nehmen Sie ein heißes Bad. Gönnen Sie sich Ihren Schönheitsschlaf. Und kaufen Sie eine Extraschachtel Kerzen: Hier dürfen Sie ruhig ab und zu mal eine an beiden Enden gleichzeitig anzünden.

7.

Geben Sie das Bergsteigen auf

*Wenn Sie ein verzaubertes Leben suchen
oder einfach nur einen Hoffnungsschimmer,
müssen Sie als Erstes den Berg erkennen,
der Ihren Weg blockiert.*

Das Haupthindernis zwischen Ihnen und Ihrem verzauberten Leben ist Ihr »Berg«. Ihr Berg ist das Problem, das Ihnen wie ein Fluch, entmutigend und überwältigend, erscheint. Dabei handelt es sich um keine gewöhnliche Herausforderung. Es handelt sich vielmehr um die Schwierigkeit, die all dem, was Sie gern tun würden, im Weg zu stehen scheint. Es ist das Problem, dessen Lösung Sie frei machen würde, all das zu sein, was Sie sein können.

Ihr Berg könnte eine Sucht sein – Ihre eigene oder die einer Person, die Sie lieben. Auch knapp bei Kasse und mit Riesenschulden belastet zu sein kann ein Berg sein. Ebenso kann es der Schulabschluss sein, den Sie nie gemacht haben, der Mann, den Sie nie geheiratet haben oder das Baby, das Sie nie bekommen haben. Eine chronische Krankheit oder Behinderung kann eine auffallende Ähnlichkeit mit dem Mount Everest aufweisen; ebenso wie eine unglückliche Kindheit.

Faszinierend an diesen Bergen ist, dass sie eine ganz persönliche Geologie haben. Das heißt, dass dieselbe Situation, die eine Frau mit Leichtigkeit meistert, für eine andere bedeutet, jahrelang im Basislager eingeschneit zu sein. Und die Person, die mühelos diesen einen Gipfel erklommen hat, kann vor einem kapitulieren, der nur halb so hoch aussieht.

Ich habe viel über Berge gelernt, als ich eine zwanghafte Esserin war. Auch wenn mein letzter Fressanfall schon Jahre her ist, erinnere ich mich sehr deutlich daran, wie unmöglich es war, dem Essen aus dem Weg zu gehen, solange noch Reste im Kühlschrank waren oder es irgendwo auf dieser Erde Eiscreme gab. Als ich dann mit einem spirituellen Genesungsprogramm begonnen hatte, wurde mir klar, dass Essen nie wirklich der riesige Gletscher war, zu dem ich es gemacht hatte. Es war lediglich der sichtbarste Bereich in meinem Leben, den ich mich geweigert hatte, Gott zu übergeben.

Mit dieser Einsicht hätte ich das Bergsteigerleben eigentlich aufgeben können. Ich tat es aber nicht. Stattdessen entschied ich mich unbewusst dafür, andere Berge zu errichten. Nachdem ich schon mit 30 Jahren Witwe geworden war, errichtete ich den Berg, der da hieß: »Ich bin ganz allein auf der Welt und niemand wird mich je wieder lieben.« Ich richtete mir über viele Jahre mein Leben in den Gebirgsausläufern dieser Überzeugung ein. Erst als ich Frieden mit dem Alleinsein gemacht hatte, traf ich meinen zweiten Ehemann.

Während wir unseren Haushalt planten, kramte ich erneut meine Bergsteigerausrüstung hervor. Geld schien der nächste passende Berg zu sein. Ich habe das schwankende Einkommen einer Autorin und Rednerin, und mein Mann und ich haben zusammen vier Kinder, die alle aufs College wollen. Das war ein Berg, der im Himmel gemacht war.

Voller Dankbarkeit arbeitete ich damals intensiv mit einem Paar von zwanghaften Essern. Als ich hörte, wie die beiden über ihre Kämpfe mit Süßigkeiten, Selbstbedienungsrestaurants und Warenhäusern mit Fastfoodständen berichteten – was zu einem früheren Zeitpunkt mein eigener Untergang war –, wurde mir bewusst, dass wir drei unsere Berge zu groß für unsere Kletterfähigkeiten hatten werden lassen. Es sind diese selbst aufgeschütteten Alpen, an denen wir immer wieder scheitern.

Wenn Sie an einen Gott glauben, dann lassen Sie ihn jenen Berg übernehmen, der Ihren besten Versuchen getrotzt hat. »Etwas übergeben« ist eine Fähigkeit, die lebensnotwendig ist, wie Essen und Trinken. Oder »übergeben« Sie Ihren Berg dem Leben selbst und erinnern Sie sich daran, wie sich die verworrensten Situationen häufig wundersamerweise von ganz allein lösen.

Etwas zu übergeben und loszulassen fällt in einer Kultur, die nur den Starken, Unabhängigen und Selbstständigen Applaus spendet, schwer. Aber niemand erklimmt einen Berg allein.

Wenn Sie ein verzaubertes Leben suchen oder einfach nur einen Hoffnungsschimmer, müssen Sie als Erstes den Berg erkennen, der Ihren Weg blockiert. Und Sie müssen bereit sein, ihn einfach da sein zu lassen – groß, makellos und unbezwingbar. Sie müssen bereit sein, Ihren Berg in die Hand Gottes oder des Lebens zu geben.

Das bedeutet nicht, dass Sie sich ins Bett legen und abwarten sollten. Ihre wichtige Aufgabe ist es, das zu tun, was getan werden muss, um Ihr Leben im richtigen Fahrwasser zu halten, obwohl es da draußen vor Ihrer Tür einen Berg gibt. Die neuen Regeln lauten: Gott kümmert sich um den Berg; Sie kümmern sich um Ihr Leben. Machen Sie Frühstück. Gehen Sie zur Arbeit. Bezahlen Sie Ihre Versicherungen. Bringen Sie Ihre Schwiegermutter zum Arzt. Rufen Sie Ihren Schatz an und sagen Sie ihm, dass Sie ihn zum Abendessen in dem romantischen italienischen Restaurant treffen möchten.

Und während Sie Ihr Leben leben und das Bestmögliche aus den gegebenen Zutaten machen, wird Ihr

Berg allmählich abbröckeln oder Sie haben eines Tages das Gefühl, dass Sie über ihn hinweggehoben worden sind. Vielleicht bekommen Sie auch Kletterstunden, und ein Dutzend Sherpas hilft Ihnen bei Ihrem Aufstieg. Unabhängig davon, wie das im Detail aussieht, Sie werden nicht länger auf dieses riesige Hindernis fokussiert sein. Das Problem hat existiert – und vielleicht existiert es noch immer –, aber es ist kein Berg mehr. Es ist eine Straße, die zu einem verzauberten Leben führt.

8.

Leben Sie mit dem Unabänderlichen

Wir entwickeln den Mut, die großen Prüfungen
des Lebens zu bestehen, indem wir lernen, gelassen mit
den alltäglichen Kleinigkeiten umzugehen.

Vor einigen Jahren hat eine Freundin von mir Veranstaltungen von *Emotions Anonymous*, einer Selbsthilfeorganisation für Menschen, die lernen wollen, besser mit ihren Gefühlen umzugehen, besucht. Sie hat dort viele wertvolle Dinge gelernt, vor allem das Konzept, in Frieden mit ungelösten Problemen zu leben. Jeder Mensch, der Selbstsicherheit, Anmut und Gelassenheit ausstrahlt, hat seinen Weg gefunden, nach diesem Konzept zu leben.

Die Fähigkeit, mit dem Unabänderlichen zu leben, ist von ungeheurem Wert. Ohne sie können wir nur dann glücklich und zufrieden sein, wenn alles vollkommen ist (mit anderen Worten nie). Selbst für lösbare Probleme gibt es nur selten sofort Antworten, und bis diese Probleme bewältigt sind, teilen wir Tisch und Bett mit ihnen.

Die meisten der ungelösten Ärgernisse, mit denen wir leben müssen, sind nicht mehr als das: Ärgernisse. Vielleicht haben Sie einen Brief von Ihrer Bank bekommen, in dem es hieß, dass Ihr Scheck nicht gedeckt sei. Sie sind sicher, dass es sich um einen Fehler der Bank handelt, aber es ist Freitagabend und Sie können bis Montag nichts unternehmen. Oder Ihre beste Freundin glaubt, dass Sie über sie getratscht hätten, und Sie redet deshalb nicht mehr mit Ihnen. Wenn sie Ihnen sagen würde, was Sie angeblich gesagt haben sollen, hätten Sie eine Chance, Ihre Unschuld zu beweisen, aber sie ruft nicht zurück.

Gelegentlich müssen wir aber auch mit ernsten Problemen zurechtkommen. Ein auffälliges Mammogramm bedeutet, dass man erst auf die Biopsie und dann auf die Ergebnisse warten muss. Es kann quälend sein, in diesem Zwischenstadium zu leben, in dem man nicht weiß, wie es um die eigene Gesundheit oder die eines geliebten Menschen steht. Wir entwickeln den Mut, solche Prüfungen zu bestehen, indem wir lernen, gelassen mit den alltäglichen Kleinigkeiten zu leben.

Ein verzaubertes Leben ist ein Leben, das sowohl in Zeiten, in denen alles glatt geht, als auch in stürmischen Zeiten bewusst gelebt wird. Denken Sie immer daran:

✧ *Es wird immer etwas geben, an dem Sie arbeiten können; etwas, das besser sein könnte.* Wenn Sie eines Morgens aufwachen und es nichts gibt, mit dem Sie sich beschäftigen müssen, ist Ihre Adresse wahrscheinlich der Waldfriedhof.

✧ *Sie stecken nicht den Kopf in den Sand, wenn Sie ein Problem erkennen und sich trotzdem ganz normal verhalten.* Das ist der Unterschied zwischen ein Problem in Ihrem Leben zu *haben* und Ihr Leben zu einem Problem zu *machen*.

✧ *Schwierigkeiten brauchen Zäune, um sie am Wandern zu hindern.* Ein Problem »einzuzäunen« bedeutet, es in Grenzen zu halten, damit es nicht den Rest Ihres

Lebens beeinträchtigt. Ein Beispiel dafür könnte sein, dass Sie ein Problem, das Sie im Büro hatten, auch dort lassen, anstatt es mit nach Hause zu bringen. Wenn wir intakte Zäune haben, dann werden die ein oder zwei Dinge, die schiefgehen, nicht die 147 in Frage stellen, die richtig laufen.

Wenn Sie sich einem Problem gegenübersehen, das Sie nicht sofort lösen können, dann arrangieren Sie sich mit ihm. Sprechen Sie mit jemandem darüber, dem Sie vertrauen. Schreiben Sie es in Ihr Tagebuch, selbst wenn Sie nichts weiter schreiben als immer wieder »Das ist nicht fair!«. Geben Sie sich zehn Minuten oder eine halbe Stunde, um wütend, ängstlich oder beides zu sein.

Dann tun Sie, was Ihr gesunder Menschenverstand Ihnen sagt, um das Problem zu lösen. Begrenzen Sie dabei jede Handlung durch einen deutlichen Endpunkt, so wie ein Dessert eine Mahlzeit beendet oder ein Punkt einen Satz. Sagen Sie sich selbst: »Ich habe alles getan, was ich im Moment tun kann.« Dabei lassen Sie es bewenden. Lesen Sie. Gehen Sie spazieren. Nehmen Sie ein Bad. Es ist keine Kleinigkeit, die alltäglichen Dinge zu erledigen, wenn alles in Ihnen sich zwanghaft mit irgendeinem quälenden Detail beschäftigen will. Aber wie Rudolf Nurejew einmal in Bezug auf das Ballett gesagt hat: »Es wird nie leicht. Es wird lediglich möglich.«

9.

Seien Sie verschwiegen

Wenn Sie diskret sind, schützen Sie sich selbst.
Sie wahren Ihre Ehre und sparen Kraft.

Diskretion ist die Kunst der Beherrschung. Menschen, die sie besitzen, tun seltener törichte Dinge. Und wenn sie sich doch mal töricht verhalten, dann schreien sie es nicht von den Dächern. Auch wenn die Diskretion in den Sechzigerjahren fast vollständig verschwunden war, bekommt sie jetzt wieder einen neuen Stellenwert. Das ist eine positive Entwicklung, denn sie ist unerlässlich, wenn man sich ein verzaubertes Leben erschaffen und es erhalten will.

Diskretion zu besitzen, bedeutet nicht, kalt und hochnäsig zu sein. Es bedeutet auch nicht, aus seinem Herzen eine Mördergrube zu machen. Diskretion zu besitzen bedeutet, dass man sein Privatleben für sich behält und Einzelheiten nur mit sorgfältig ausgewählten Menschen bespricht, denen man vertraut. Sich mitzuteilen und seinen Gefühlen Luft zu machen ist wichtig, aber nicht überall und wann immer Sie den Drang danach verspüren.

Wenn eine Frau Diskretion besitzt, wird ihre Persönlichkeit durch eindeutige Grenzen markiert, die Respekt einfordern – und ihn auch fast immer bekommen. Die Bereitschaft, in Bezug auf schmerzhafte Erfahrungen oder eine wichtige Lektion, die man gelernt hat, offen zu sein, kann ein Geschenk sein, aber es besteht die Gefahr, dass man zu viel von sich preisgibt. *Offen bedeutet auch nackt, exponiert und verletzlich.* Wenn Sie die Fähigkeit besitzen, verschwiegen zu sein, dann zeigen Sie sich nur dann offen, wenn Sie gute Gründe dafür haben und nach reiflicher Überlegung.

Wenn es Ihnen dagegen an Diskretion mangelt, werden Sie vielleicht eines Tages feststellen, dass Sie jedem, den Sie kennen, erzählt haben, wie viel Sie verdienen, welche Verletzungen Sie erlitten haben, wie es um Ihr Sexleben steht und welche Hoffnungen und Träume

Sie je gehabt haben. Das bringt Sie in eine Lage, die einem Haus gleicht, dessen Türen und Fenster immer weit geöffnet sind. Es ist gut, dass es offen und luftig ist, aber es ist auch offen dafür, ausgeraubt oder überflutet zu werden.

Verschwiegenheit scheint einigen Menschen von Natur aus gegeben zu sein. Wir Übrigen müssen sie erlernen, und zwar vor allem dadurch, dass wir die Halbwahrheiten vergessen, die sie bisher verhindert haben. Zunächst: Diskretion ist keine Unehrlichkeit. Wenn Sie nicht jedem, den Sie treffen, Ihre Lebensgeschichte erzählen, bedeutet das noch lange nicht, dass Sie Verrat an der Wahrheit begehen. Gehen wir einmal davon aus, dass der Spülmaschinenmonteur zu Ihnen kommt und sagt: »Wie läuft's bei Ihnen denn so?« Dann könnten Sie sagen: »Oh, ich habe schlimme Magenschmerzen, mein Mann und ich streiten uns ständig und ich habe schreckliche Angst, dass man mir kündigt.« Oder Sie könnten sagen: »Gut, aber die Spülmaschine ist undicht.« Und das entspricht absolut der Wahrheit.

Außerdem ist Diskretion etwas anderes als Verleugnung. Wir haben schon so oft gehört und gelesen, wie wichtig es sei, immer über alles zu reden, dass wir vergessen haben, dass das Herz in die Brust gehört und nicht auf die Zunge. Wenn Sie gerade eine berufliche Enttäuschung verarbeiten oder den Verlust eines geliebten Menschen betrauern und trotzdem gut gekleidet und voller Selbstkontrolle in der Öffentlichkeit auftreten, bedeutet das nicht, dass Sie die Realität leugnen. Vielmehr besinnen Sie sich auf Ihre innere Stärke. Das tiefe Gefühl von Würde, das Sie dabei empfinden, ist wohlverdient.

Auch in weniger ernsthaften Situationen ist Diskretion von großem Vorteil. Sie können ganz diskret davon Abstand nehmen, jedesmal eine zehnminütige Erklärung abzugeben, wenn Sie eine Einladung ablehnen oder auf eine Bitte mit Nein antworten. Sie können Small Talk wirklich »klein« halten und müssen sich dann nie mehr darüber den Kopf zerbrechen, dass Sie jemandem, den Sie kaum kennen, zu viel anvertraut haben.

Wenn Sie diskret sind, schützen Sie sich selbst. Sie wahren Ihre Ehre und sparen Kraft. Oder mit den Worten der Schauspielerin Jacquee Gafford gesprochen, werden Sie »weniger zu einem Satelliten als vielmehr zu einer Sonne«.

10.

Genießen Sie Ihre exzentrischen Seiten

*Es erfordert viel Energie, Teile Ihrer Persönlichkeit
zu verbergen. Unterdrücken Sie zu viele von ihnen,
riskieren Sie, einen Teil Ihrer Seele zu verlieren.*

Meine Lieblingslehrerin in der siebten Klasse, Mrs.
Buckley, hat gesagt, *exzentrisch* sei eine Bezeichnung für
Leute, die zu reich seien, um einfach nur als verrückt zu
gelten. Dabei war Mrs. Buckley selbst ziemlich exzentrisch. Ihr Klassenzimmer war ein Forum für unter-
schiedlichste Leute, die meinten, etwas zu sagen zu haben oder eigennützige Interessen verfolgten. Erfinder
brachten ihre Apparate mit, Politiker ihr Podium, und
ein anderer häufiger Gast hatte es darauf abgesehen,
unserer gesamten Klasse Esperanto beizubringen. Mrs.
Buckley war auch eine Verfechterin des autodidak-
tischen Lernens – solange wir uns autodidaktisch mit

dem Auswendiglernen von Keats und Shakespeare beschäftigten. Meine Lehrerin war eine faszinierende Mischung aus Warmherzigkeit, Weisheit und Widersprüchen. Ich wollte genauso werden wie sie.

Wir alle haben unsere exzentrischen Seiten. Deswegen sind wir noch lange nicht verrückt, und wir müssen auch nicht reich sein, damit diese Seiten uns zu dem machen, was wir sind. Der Begriff *exzentrisch* stammt aus der Geometrie und bedeutet wörtlich »nicht dasselbe Zentrum haben«. Unsere exzentrischen Anteile sind Seiten unserer Persönlichkeit, die nicht in das gängige Schema passen.

Meine Rechtsanwältin z.B. ist gleichzeitig Opernsängerin. Einige Leute bezeichnen sie als exzentrisch, andere als erfüllt. Dasselbe gilt für die Mutti aus der Fahrgemeinschaft, die für die Kinder auf dem Weg zur Schule superspannende Geschichten erfindet, oder für die Kellnerin, die jedesmal eine kleine, persönliche Dankesnotiz auf die Rechnungen schreibt, oder für die Geschäftsfrau, die sich die Zeit zwischen ihren Flügen damit vertreibt, am Flughafen Jonglieren zu üben. All diese faszinierenden Frauen zeigen uns, wie wir unsere Marotten akzeptieren und Kapital aus ihnen schlagen können.

Es erfordert viel Energie, Teile Ihrer Persönlichkeit zu verbergen. Unterdrücken Sie zu viele von ihnen, riskieren Sie, einen Teil Ihrer Seele zu verlieren. Wenn Sie jedoch Ihre farbigen Facetten mit Ihren erdfarbenen Anteilen mischen, werden Sie zu einem ganzen, einzigartigen Menschen, der nicht irgendwelchen Klischees entspricht. Jede Frau, die ein Etikett verpasst bekommt – sei es nun »Karrierefrau« oder »Fußballmutti« –, hat unendlich viel mehr Seiten in ihrer Persönlichkeit und ihrem Leben.

Wenn ich Sie hier dazu anrege, Ihre exzentrischen Seiten zu genießen, dann will ich damit nicht sagen, dass »anders sein« ein Wert an sich sei. Dem ist nicht so. Jede von uns hat jedoch Interessen und Eigenschaften, die vielleicht nicht denen der anderen Menschen in unserer Umgebung entsprechen oder nicht mit den anderen Teilen unserer Persönlichkeit zusammenpassen. Dazu gehören häufig unsere besten Eigenschaften. Sie machen unsere besondere Begabung aus. Sie machen uns zu Frauen, mit denen man rechnen muss.

Diejenigen, die glauben, dass sie nichts davon seien, haben bisher ihre unverwechselbaren Eigenschaften ignoriert, weil diese Eigenschaften schon einmal die etablierte Ordnung gestört haben. Ein Familienmitglied, eine Schulregel, ein Freund, ein Werbespot im Fernsehen – irgendjemand oder irgendetwas hat ihnen die Botschaft vermittelt, dass diese Gabe, dieses Talent oder diese Beschäftigung nicht akzeptabel seien. Der sichere Rückzug wurde zu ihrem Status quo.

Niemandem ist es bisher gelungen, sich ein verzaubertes Leben zu erschaffen, indem er versucht hat, wie alle anderen zu sein, um Anerkennung zu bekommen. Der Haken an der Sache ist, dass Menschen, die sich durch ihre Nachbarn haben klonen lassen, in der Regel bereits selbst geklont sind. Weil auch sie ihre Einzigartigkeit leugnen, fühlen sie sich ebenso unbefriedigt wie diejenigen, denen sie nachzueifern suchen.

Wenn Sie das Gefühl haben, dass Sie einen Teil Ihrer

Individualität irgendwo in Ihrer Vergangenheit zurück-gelassen haben, oder wenn Sie absolut keine exzent-rischen Seiten an sich entdecken, dann lade ich Sie dazu ein, in Ihrer Erinnerung noch einmal sechs Jahre alt zu sein. Was wollten Sie damals werden? Schreiben Sie es auf, aber nicht einfach nur »Lehrerin« oder »Ballerina«. Konzentrieren Sie sich vielmehr auf die *Person*, die Sie sein, auf die Art von Frau, die Sie werden wollten. In dieser Vorstellung liegt der Kern Ihrer Einzigartig-keit. Finden Sie ihn, und suchen Sie für ihn einen Platz in der Welt, in der Sie jetzt leben.

Egal, ob Sie erst durch diese Übung schrullige Ei-genarten an sich entdecken oder ob Sie sich Ihrer ex-zentrischen Seiten schon immer bewusst gewesen sind, respektieren Sie sie heute ein wenig mehr als gewöhn-lich. Seien Sie dankbar, dass Sie sie haben. Genießen Sie Ihre eigenen exzentrischen Seiten und die anderer Menschen. Neutrale Dinge haben durchaus ihren Sinn, aber sie sind nicht die Farben, die Ihr Leben beherr-schen sollten.

11.

Seien Sie nicht zu …

Wenn Sie aufhören, Ihre Möglichkeiten einzuschränken,
dann hält jeder Tag Geschenke für Sie bereit,
die so willkommen sind wie ein Scheck in der Post.

Als kleines Mädchen platzte ich fast vor Stolz, als ich jenes Symbol aus pinkfarbenem Tüll bekam, das eine echte Ballerina ausmacht – das Tutu. Ich trug es jahrelang mit jugendlicher Freude, bis zu jenem Samstagnachmittag, als ich einen Blick von mir in dem meterhohen Spiegel der Myldred Lyons School of Dance erhaschte. »Wirf das Tutu weg«, schalt ich mich, »du bist *zu* fett.«

Wie mir jetzt bewusst ist, hätte ich besser jenes verhängnisvolle Wort weggeworfen. Das Tutu war in Ordnung. Was nicht richtig war, war das »zu«. Es ist Ausdruck der typisch weiblichen Selbstquälerei: »Ich bin *zu*

schwer«, »ich bin *zu* unerfahren«, »ich habe *zu* viel Ge-
päck«, »ich habe *zu* wenig Geld« und »ich hätte … (füllen Sie die Lücke aus) tun können, aber jetzt ist es *zu*
spät«.

Wenn Sie auch unter einem solchen »zu« leiden,
dann geben Sie es auf. Das kleine Wörtchen »zu« bereitet große Schmerzen und hält uns davon ab, unser
Leben positiv zu verändern.

Zum Beispiel: »Ich bin schwer.« Das ist die Darle-
gung einer Tatsache. Diese Aussage – ohne das fatale
»zu« – lässt Ihnen die Wahl: Möchten Sie Ihren Körper
akzeptieren, so wie er ist, und es genießen, eine Frau
mit üppigen Kurven zu sein? Oder möchten Sie etwas
dafür tun, um in einem schlankeren Körper zu leben?

Oder sehen Sie sich die Aussage »Es ist spät« an.
Dieser Satz wirkt motivierend. Es ist nicht *zu* spät, um
Tanzen zu lernen, für eine Reise nach Alaska zu sparen oder eine Partnerschaftsanzeige in die Zeitung zu
setzen. Wenn Sie das »zu« weglassen, können Sie die
Wahrheit sehen: Verlieren Sie keine Zeit mehr, und
erfüllen Sie sich jetzt und hier Ihre Träume.

Achten Sie auf Ihre »Zus«. Sie sind ein verletzendes Gedankenmuster, das Ihnen nichts nützt. Hüten Sie sich ebenfalls davor, die Menschen in Ihrer Umgebung mit »Zus« auszustatten, vor allem die, die bei Ihnen Anleitung und Bestätigung suchen – Ihre Angestellten, Ihre Studenten oder Ihre Kinder.

Wenn Sie aufhören, Ihre Möglichkeiten einzuschränken, hält jeder Tag Geschenke für Sie bereit, die so willkommen sind wie ein Scheck in der Post. Suchen Sie nach Möglichkeiten, wie Sie sich selbst und Ihre Situationen sehen können, ohne in das einschränkende »zu« zu verfallen. Das wird Ihren Geist frei machen für neue Möglichkeiten, Geschenke in überraschenden Verpackungen und ungeahnte Glücksmomente.

12.

Tun Sie das, was als Nächstes
an der Reihe ist

Sich zum richtigen Zeitpunkt um das Notwendige zu kümmern,
ist eine vorbeugende Medizin fürs Alltagsleben.

Das zu tun, was als Nächstes an der Reihe ist, bedeutet, konsequent in Angriff zu nehmen, was getan werden muss, egal, ob es etwas Angenehmes oder Lästiges ist. Diese Fähigkeit ist es, die die ausgeglichenen Menschen von denen unterscheidet, die sich verrückt machen lassen. Sie schenkt Ihnen mehr Zeit, mehr Frieden und mehr Erfüllung.

Manchmal ist das, was als Nächstes ansteht, etwas Bedeutsames, viel häufiger aber ist es eher profan. Sie könnten zum Beispiel die Ablage erledigen, die Post aus dem Briefkasten holen oder sich abschminken, auch wenn Sie spät nach Hause gekommen sind und es nur dieses eine Mal lieber sein lassen wollen. So prosaisch all das erscheinen mag, weist es uns doch die Richtung, in die wir gehen sollen. Wenn wir uns nämlich zu oft vor dem Naheliegenden drücken und einen riesigen Bogen darum machen, können alltägliche Verpflichtungen überwältigende Ausmaße annehmen und uns von unserem Kurs abbringen.

Mit unseren täglichen Pflichten ist es dann wie mit einem Raum voll ungebärdiger Kindergartenkinder, die lauthals rufen: »Nimm mich! Ich zuerst!« Es gibt jedoch verschiedene Möglichkeiten, sie in einer Reihe aufzustellen und nacheinander dranzunehmen. Eine davon ist, allen zu erledigenden Dingen ein A, B oder C zuzuweisen. Die Aufgaben auf Ebene A sind von größter Wichtigkeit für Ihr persönliches oder berufliches Leben. Ein B bekommen die Dinge, die notwendig, aber nicht entscheidend sind. Alles andere fällt in die Kategorie C.

Sie können diese Methode weiter verfeinern, indem Sie der Bedeutung der jeweiligen Handlung entsprechend die Buchstaben mit 1, 2 oder 3 ergänzen. So erkennen Sie schnell die Verpflichtung mit dem größten Handlungsbedarf. Wenn Sie alle As geschafft haben, hatten Sie einen erfolgreichen Tag. Wenn Sie keine Angst davor haben, das eine oder andere C vorläufig links liegen zu lassen, haben Sie außerdem einen ruhigen Tag gehabt.

Eine weitere Art, herauszufinden, was als Nächstes an der Reihe ist, besteht darin, auf Ihre Intuition zu hören. Es ist wie bei einem Puzzlespiel: Von all den verfügbaren Teilen gibt es eigentlich nur eines, das jetzt passen kann (vergleichen Sie Geheimnis 49, »Vertrauen Sie Ihren Instinkten«). Sie sind die maßgebliche Autorität, wenn es um Ihr Leben geht. Gehen Sie in sich. Was ist als Nächstes an der Reihe?

Ob Sie nun die rationale oder die intuitive Herangehensweise wählen – oder beide miteinander kombinieren –, sich zum richtigen Zeitpunkt um das Notwendige zu kümmern, ist eine vorbeugende Medizin fürs Alltagsleben. Den Dachdecker rechtzeitig vor dem nächsten Sturm anzurufen, gibt Ihnen ganz unmittelbar ein Gefühl von Frieden und Ordnung, selbst wenn er die undichte Stelle nicht vor dem Wochenende reparieren kann.

Trotzdem ist das Notwendige bisweilen leider weder spannend noch leicht. Eleanor Roosevelt hat gesagt: »Wir müssen das tun, von dem wir glauben, dass wir es nicht tun können.« Kennen Sie das Gefühl, dass es Ihnen leichter fallen würde, das Matterhorn zu besteigen, als das Geschirr abzuwaschen? Der Grund dafür ist, dass das Matterhorn beruhigend weit weg ist, das Geschirr aber unmittelbar vor Ihnen. Das, was als Nächstes an der Reihe ist, kann lästig erscheinen, weil es so eindeutig das ist, was Sie tun sollten. Und es ist schwer, etwas so Eindeutiges zu verdrängen.

Indem Sie das Notwendige anpacken, selbst wenn es quälend oder schwierig ist – entwickeln Sie Mut. Indem Sie die Arbeit tun, die Ihnen lästig oder langweilig vorkommt, entwickeln Sie mehr Gelassenheit. Indem Sie das tun, wofür Sie sich eigentlich zu schade sind oder was einfach nicht das ist, wozu Sie jetzt gerade Lust haben, entwickeln Sie Charakter. Bleiben Sie dabei, und Sie werden eine Präsenz bekommen, die Sie vorher vielleicht nicht besessen haben. Andere Menschen werden Sie als ruhiger und effizienter empfinden, und Sie selbst werden Ihr Leben als weniger hektisch und belastend erfahren.

13

Leben Sie in Kapiteln

Ein verzaubertes Leben wird in Kapiteln gelebt,
so, wie Sie einen langen Roman lesen.
Geben Sie sich voll und ganz dem Kapitel hin,
in dem Sie sich gerade befinden.

Irgendwie ist die Vorstellung aufgekommen, dass wir besser alles heute als morgen erledigen sollten. Diese Vorstellung hat sich rasant verbreitet, und heute glaubt fast jeder daran. Daher sind so viele Frauen nur noch am Herumrennen, um irgendwie hinterherzukommen. In dem fieberhaften Bemühen, ihre Träume zu verwirklichen, verjagen sie ihre Träume.

Ein verzaubertes Leben ist anders, weil Sie es in Kapiteln leben, so, wie Sie einen langen Roman lesen. Wenn Sie in eine Geschichte vertieft sind, dann existiert nichts außer dem, was jetzt im Moment gerade geschieht. Und weil Kapitel zehn die Grundlage für Kapitel elf ist, ergibt das Buch nur Sinn, wenn man ein Kapitel nach dem anderen liest.

Wenn Sie Ihr Leben auf diese Art und Weise leben – sich immer nur auf ein Kapitel konzentrieren und später auf das nächste –, können Sie Ihre Aufmerksamkeit voll und ganz auf das richten, was im Moment ansteht. Es ist eine Zeit, die nie wieder kommen wird. Schauen Sie sich das Kapitel an, das Sie gerade leben. Vielleicht befinden Sie sich gerade in dem Universitäts-Kapitel, dem Miesen-ersten-Job-Kapitel, dem Heim-mit-kleinen-Kindern-Kapitel oder dem Zweite-Karriere-Kapitel. Räumen Sie Ihrem gegenwärtigen Lebenskapitel immer die erste Priorität ein.

Wenn Sie Ihr Leben kapitelweise leben, können Sie alles erreichen, weil Sie nicht erwarten, alles auf einmal zu bekommen. Leben Sie nur im aktuellen Kapitel, und machen Sie sich keine Gedanken darüber, dass Sie etwas aus früheren oder künftigen Kapiteln verpassen könnten. Deren Zeit ist vorbei oder kommt erst noch.

Das Geheimnis liegt darin, sich von dem Zwang zu

befreien, jede Chance jetzt gleich verfolgen zu müssen – selbst wenn das ein übervolles Leben, eine entfremdete Familie oder einen Krankenhausaufenthalt wegen akuter Erschöpfung bedeutet. Das alte Sprichwort, dass man die Gelegenheit beim Schopfe packen muss, ist so überholt wie die Theorie, dass die Erde eine Scheibe ist. Gelegenheiten bieten sich ständig – sie klingeln an Ihrer Tür, rufen Sie an und schicken Ihnen E-Mails.

Ignorieren Sie die Stimmen, die Ihnen einreden wollen: »Du wirst auch nicht jünger.« Im wörtlichen Sinne stimmt das natürlich, aber der unausgesprochene Rest des Satzes – »und deshalb würdest du besser alles sofort tun« – ist Unsinn. Natürlich muss man mit einigen Beschäftigungen früh anfangen, wie Ballett, Geige spielen oder Fremdsprachen lernen, und natürlich gibt es eine biologische Uhr, die dem Kinderkriegen eine Altersgrenze auferlegt. Aber abgesehen von diesen wenigen Ausnahmen fördert die Reife die Verwirklichung Ihrer Träume und behindert sie nicht.

Zu glauben, dass alles in einer vorgegebenen Reihenfolge passieren sollte, ist ein weiterer Stolperstein auf Ihrem faszinierenden Lebensweg. Da es so viele Menschen gibt, die zur Schule gehen, sich einen Job suchen, heiraten, ein Haus kaufen, Kinder bekommen, Überstunden machen und sich dann als Pensionäre nach Florida zurückziehen, werden wir zu dem Glauben verleitet, diese Reihenfolge sei irgendwie in unserer DNS programmiert. Dem ist aber nicht so. Wenn diese Lebenserfahrungen wichtig für Sie sind, dann sollten Sie auf jeden Fall darauf hinarbeiten, aber selbst dann müssen Sie das nicht in der »vorgeschriebenen« Reihenfolge tun. *Sie* allein bestimmen die Abfolge Ihrer Lebenskapitel.

Statt direkt auf die Uni zu gehen, habe ich zunächst einen nicht besonders anspruchsvollen Bürojob angenommen, Geld gespart und bin dann nach England gegangen und habe einen Kurs in Modedesign besucht. Ich besaß nicht das geringste Talent dafür, aber er hat dazu geführt, dass ich faszinierende Jobs in den Bereichen Mode und Journalismus bekam, lange bevor ich dann als verheiratete Frau von 30 Jahren meinen Uniabschluss machte. Später habe ich mich dem freiberuflichen Schreiben zugewandt, wodurch ich zu Hause bei meiner Tochter bleiben konnte. Ich befürchtete, dass ich mich dadurch ins Abseits manövriert hätte und meine Karriere behindern würde, aber stattdessen haben sich Türen geöffnet, die sonst verschlossen geblieben wären.

Entscheiden Sie, welche Kapitel in Ihrer Lebensgeschichte vorkommen sollen. Akzeptieren Sie, dass das Schicksal einige weitere einfügen könnte. Geben Sie sich ohne Vorbehalte dem Kapitel hin, in dem Sie sich gerade befinden. Vertrauen Sie darauf, dass das vollständige Erleben dieses Kapitels Sie auf das vorbereiten wird, was als Nächstes geschehen wird. Machen Sie sich keine Sorgen darüber, dass eine Entscheidung wie die, die Aufnahme eines Studiums zu verschieben, um als Entwicklungshelferin im Ausland zu arbeiten, oder beruflich zu pausieren, um Zeit für Ihre Kinder zu haben, ungewöhnlich sein könnte. Eine solche Erfahrung wird Sie zu einem reicheren Menschen machen, der der Welt mehr zu geben hat. Sie könnte sogar zum besten Kapitel in Ihrer Biografie werden.

14.

Gönnen Sie sich eine Auszeit

Entwickeln Sie eine höhere Meinung von freier Zeit,
Pausen und vom Nichtstun.

Kein Mensch verbringt jede Minute seiner Zeit damit, produktiv, glücklich, charmant, hilfsbereit und fleißig zu sein und alles unter Kontrolle zu haben. Manche Tage kommen uns sogar vollkommen verschwendet vor. Regen Sie sich nicht darüber auf. So ist das Leben nun einmal.

Das Phänomen des Schlafes hat mich schon immer fasziniert. Der Körper eines Lebewesens kann sich selbst regenerieren, während sein »Bewohner« völlig passiv und willenlos ist. Einige Menschen ärgern sich über die Zeit, die sie mit Schlafen verbringen, und gefährden ihre Gesundheit dadurch, dass sie sie beschneiden. In ähnlicher Weise regen sich viele von uns über

»leere« Zeit auf, vor allem, wenn ein ganzer Tag vergeht und wir das Gefühl haben, nichts Konkretes vorweisen zu können, was wir in seinen 24 Stunden vollbracht haben.

Wenn Sie auf der Suche nach dem Glück der kleinen Dinge sind, haben Sie weniger solcher Tage, die von schwarzen Löchern geschluckt zu werden scheinen, als die meisten Menschen. Eine andere Möglichkeit, um ihre Zahl zu verringern, ist, sie einfach zu akzeptieren. Rechnen Sie »leere« Zeiten mit in Ihre Lebens- und Tagesplanung ein, auch mal 24 Stunden, wenn es notwendig ist. Ihr Körper braucht Schlaf, um sich zu regenerieren und zu heilen; genauso braucht Ihr Leben Auszeiten, damit Sie sich neu ausrichten und voranschreiten können.

Lassen Sie, wenn Sie heute Abend im Bett liegen, Ihren Tag mit all seinen Aktivitäten und Ereignissen in Gedanken wie einen Film rückwärts laufen. Wenn Sie Ihren Tag auf diese Weise Revue passieren lassen, werden Sie feststellen, dass er nicht verschwendet war. Sie haben jemandem ein aufrichtiges Kompliment gemacht. Sie haben ein Buch gelesen, das Sie zum Lachen gebracht hat. Sie haben getankt. Wenn Sie auf etwas stoßen, mit dem Sie unzufrieden sind – einen Wutanfall oder eine schlampige Arbeit –, dann vermerken Sie im Geiste, dass Sie morgen etwas tun werden, um die Situation zu bereinigen. Auf diese Weise haben Sie auch schon dafür gesorgt, dass der morgige Tag ebenfalls nicht verschwendet sein wird. Wiederholen Sie diese Übung jeden Abend vor dem Einschlafen. Sie gibt Ihnen ein gutes, zufriedenes Gefühl und hilft Ihnen dabei abzuschalten.

Diese Methode funktioniert nicht nur, um mit unproduktiven Tagen klarzukommen, sondern auch mit ausgesprochen unangenehmen Tagen, deren einziger Lichtblick die Tatsache ist, dass sie um Mitternacht vorbei sein werden. Die Fähigkeit, selbst solchen Tagen noch etwas Positives abzugewinnen, ist ein Geschenk des Himmels.

Glauben Sie mir: Sie haben an angeblich verschwendeten Tagen mehr geschafft, als Sie denken. Wenn Sie je versucht haben, mit einem jener Zeitmanagement-

Systeme zu arbeiten, bei denen Sie aufschreiben sollen, was Sie jede Minute des Tages tun, dann verstehen Sie, was ich meine. Sie schreiben vielleicht: »10.00 Uhr bis 10.25 Uhr bügeln«, aber Sie wissen genau, dass Sie während des Bügelns noch zwei Telefonanrufe entgegengenommen, die Katze gestreichelt und sich auf den Boden gelegt haben, um Ihre Übung gegen Rückenschmerzen zu machen, die Sie fast immer kriegen, wenn Sie bügeln.

Das Leben lässt sich nicht in enge Schubfächer ablegen. Wir alle brauchen unsere Auszeiten – eine Runde Solitär am Computer spielen, in der Küche bei einer Tasse Kaffee ein Pläuschchen halten, die Teile der Zeitung lesen, die nicht unter »weltbewegende Nachrichten« fallen. Entwickeln Sie eine höhere Meinung von freier Zeit, Pausen und – ich weiß, das ist schwierig – dem Nichtstun.

Ich erlebe das als Autorin häufig. Meine Arbeitsethik sagt mir, dass ich vier Stunden am Tag am Schreibtisch sitzen und *schreiben* sollte. Nicht aufräumen. Keine Telefonanrufe, nicht einmal geschäftliche. *Schreiben*. Wenn ich diesem Befehl meines inneren Feldwebels blindlings folge, ohne mir vorher etwas freie Zeit gegönnt zu haben, dann starre ich nur stundenlang auf einen leeren Bildschirm. Wenn ich stattdessen herumwerkele, bevor mein Arbeitstag beginnt – mir die Nägel feile, Rechnungen bezahle, mich ausgiebig in meinem Tagebuch auslasse oder in einem Café frühstücke –, dann kommen die Ideen von alleine zu mir und bitten, aufs Papier gebracht zu werden. So habe ich beim Schreiben wenigstens auch etwas zu sagen.

Viele Frauen glauben, dass Sie keinen Spielraum für Auszeiten haben, weil ihr Leben zu voll ist. Das ist ein Fehler, denn die Auszeiten werden kommen, auch wenn Sie sie sich nicht nehmen. Gönnen Sie sich Pausen während des Tages – und seien es nur fünf Minuten – und beobachten Sie, wie Ihre Effizienz steigt. Planen Sie Zeit zum Nichtstun und zum Ausruhen ein, bevor Ihr Körper sie sich mit Gewalt holt und dann vielleicht für länger ausfällt.

15.

Vereinfachen Sie Ihr Leben

Unser Leben besteht aus einer Mischung aus
Einfachheit und selbstgewählter Kompliziertheit.
Sehen wir den Tatsachen ins Auge: Unsere größten Freuden
verkomplizieren unser Leben am meisten.

Einfachheit ist das, was Sie bekommen, wenn Sie alle Komplikationen aus Ihrem Leben streichen: Dinge, die Ihnen nichts nutzen oder die Ihnen keine Freude machen, und Aktivitäten, die mehr Energie kosten als sie geben.

Der Purismus war, schon bevor er zu einer Massenbewegung wurde, eine gute Idee. Er ist auch deshalb so attraktiv, weil er schnelle Lösungen und markige Ratschläge bietet: »Jedesmal, wenn Sie etwas Neues in Ihr Haus bringen, entledigen Sie sich eines anderen Gegenstands.« »Nehmen Sie jede Postsache nur einmal in die Hand.« »Wenn Sie etwas ein Jahr lang nicht benutzt haben, dann geben Sie es weiter.«

Nachdem ich mich ausgiebig mit diesem Thema beschäftigt und gewissenhaft daran gearbeitet habe, meine Angelegenheiten einfach zu halten, wurde mir klar, dass die Angelegenheit nicht so einfach ist. Unser Leben ist nämlich eine Mischung aus Einfachheit und »selbstgewählter Kompliziertheit«. Sehen wir den Tatsachen ins Auge: Unsere größten Freuden verkomplizieren unser Leben am meisten. Das Reisen, zum Beispiel, ist eine einschneidende Unterbrechung des Alltags: einkaufen, Geld tauschen, packen, Reisepässe besorgen, sich Urlaub nehmen, jemanden suchen, der sich um das Haus und die Post kümmert, die Folgen des Jetlags auskurieren und vielleicht auch noch zwei Monate lang Malariatabletten einnehmen.

Beziehungen sind noch schlimmer. Bevor ich William heiratete, sah ich mich gerne als Verfechterin des einfachen Lebens. Doch es war nur ein »ich will« erforderlich, um mich mit allen Folgen an ein vierstöckiges Haus, einen Mikrowellenherd und Kabelfernsehen zu binden. Natürlich heiratete William auch in mein komplexes Leben ein. Er arrangierte sich mit dem unvorhersagbaren Zeitplan meiner Vortragsreisen sowie mit drei Katzen und einem Hund, der seine Bestimmung, des Menschen bester Freund zu sein, gern mit heftigem Abschlecken und frenetischem Schwanzwedeln bekundet. Dieses Mehr an Komplexität in unser beider Leben wird jedoch tausendfach aufgewogen. Die tiefe Freude, die William und ich einander geben, kann auch durch die Tatsache, dass er eine Fernbedienung fürs Fernsehen und ich einen liebevollen Kleintierzoo mit in die Ehe gebracht habe, nicht beeinträchtigt werden.

Wenn Sie – entweder allein oder zu zweit – Ihr Leben vereinfachen möchten, sollten Sie sich sehr gut kennen. Denn dieser Prozess erfordert, dass Sie Gegenstände, Aktivitäten und Gewohnheiten ausrangieren, die Sie schon so lange mit sich herumtragen, dass sie zu zusätzlichen Armen oder Beinen für Sie geworden sind. Gehen Sie sicher, dass Sie sich all dessen entledigen, was Sie persönlich als überflüssig ansehen. Ich habe

zum Beispiel gelesen, dass es das Leben enorm vereinfacht, sein Handy abzuschaffen. Aber diese technische
Errungenschaft unserer Zeit hat mein Leben unglaublich vereinfacht. Ich habe keine Angst mehr, mich zu
verirren oder irgendwo zu stranden, und diese Sicherheit wird mir sogar noch wichtiger, weil meine Tochter
bald ihren Führerschein macht.

Einfachheit ist wie Schönheit etwas höchst Subjek-
tives. Wenn ich bei Vorträgen Vereinfachungsstrategien
skizziere, beginne ich immer mit meiner Lieblings-
strategie: Einkäufe mit Bargeld zu bezahlen. Das hält
meine Finanzen übersichtlich und einfach. Es macht es
unmöglich, Geld auszugeben, das ich nicht habe. Ich
liebe das. Aber mehr als einmal ist jemand nach dem
Vortrag zu mir gekommen und hat gesagt: »Wir benutzen unsere Kreditkarte für alles – Lebensmittel,
Benzin, Essen gehen. Auf diese Weise müssen wir außer für die Hypothek und für Strom, Heizung und Wasser nur einen Scheck pro Monat schreiben. Es ist so
einfach.«

Vereinfachen heißt Überzeugungen loszulassen, an

denen wir noch mehr hängen als an dem Kleid, von dem wir glauben, es werde schon irgendwann wieder in Mode kommen. Wir glauben, einfach deshalb ans Telefon gehen zu müssen, weil es klingelt. Oder dass Einkaufen ein legitimes Hobby sei. Oder dass wir uns von einigen Dingen nur dann trennen können, wenn uns jemand einen guten Preis für sie bezahlt, statt zu begreifen, dass unser Profit darin liegt, dass sie weg sind.

Wir tun das, von dem wir glauben, dass es uns glücklich machen wird. Doch manchmal richtet ein Schritt in Richtung Glück ein ziemliches Durcheinander in unserem Leben an. In einem solchen Fall müssen wir alles Unnötige runterfahren, bevor wir im Chaos enden. Zu anderen Zeiten lassen wir uns bewusst auf eine komplizierte Situation ein – indem wir ein Pflegekind aufnehmen oder unseren alten Vater zu uns holen – und wissen selbst in den schwierigsten Zeiten, dass dies die beste Entscheidung war, die wir je getroffen haben.

Das ist die Essenz der selbstgewählten Kompliziertheit: Wenn es Komplikationen gibt, dann haben Sie sie sich selbst ausgesucht und nicht umgekehrt. Schränken Sie die Besitztümer und Beschäftigungen ein, die Sie Ihrer Zeit und Energie berauben, sodass Sie frei für das sind, was Ihnen wichtig ist.

16.

Genießen Sie eine Tasse guten Kaffee

Achten Sie darauf, dass Sie mindestens eine Mahlzeit am Tag zu sich nehmen, bei der Sie am Tisch sitzen und Messer und Gabel benutzen. Blumen, Kerzen, Stoffservietten und Geschirr, das zerbricht, wenn Sie es fallen lassen, sorgen für Lebensqualität.

Eine Schiefertafel in meinem Lieblingscafé mahnt: »Trinken Sie guten Kaffee, genießen Sie gutes Essen.« Sie fiel mir erst an dem Abend auf, als das »Konzert« stattfand. Ein anderer Gast, ein Mann in den Vierzigern, stellte seine Tasse auf das Klavier, von dem ich gedacht hatte, es stünde nur zu Dekorationszwecken da. Dann setzte er sich hin und begann zu spielen: Film-Melodien, Gershwin, Broadway-Musik und bekannte Klassiker. Eine Stunde lang wurde mir für den Preis eines Milchkaffees und eines Panino ein einzigartiges Ständchen gebracht.

Während er spielte, wurde mir bewusst, dass ich nur von schönen Dingen umgeben war – guter Kaffee, gutes Essen, gute Musik –, und ich bereute all die Male, bei denen ich mich mit weniger zufrieden gegeben hatte. Menschen, die ihr Leben genießen, trinken guten Kaffee. Sie gönnen sich gutes Essen – köstliche, gesunde und schön arrangierte Mahlzeiten. Sie tragen gute Kleidung – nicht unbedingt teure, aber bequeme Sachen, die ihnen besonders gut stehen und top gepflegt sind. Sie besuchen gute Filme, Theaterstücke und Konzerte. Die Thematik kann düster, ja sogar tragisch sein, aber die Qualität der Bilder oder Musik kann für den Geist trotzdem erhebend sein.

Das gute Leben könnte es vertragen, von mehr Menschen praktiziert zu werden. Zum Beispiel *isst* heute jeder, aber nur noch wenige Menschen *dinieren*. Das ist ein großer Verlust. Und weil langsam die Epoche des zwanghaften Diäthaltens zu Ende geht, haben wir die Chance, eine neue, befreiende Definition von »gutem Essen« für unsere Töchter und Söhne zu schaffen. Gutes Essen ist natürlich, das heißt, es ist gewachsen bzw. seine Zutaten sind gewachsen. Es ist essbar, ohne dass wir Chemie zu Hilfe nehmen müssen.

Es lohnt sich, sich für ein gutes Essen hinzusetzen – ebenso wie für ein gutes Buch. Es lohnt sich, es mit Menschen zu teilen, die Ihnen am Herzen liegen. Wenn Sie allein essen, lohnt es sich, gutes Essen wirklich zu schmecken – ohne dabei fernzusehen oder Auto zu fahren.

Die Gewohnheit, in Hetze zu *essen*, steht in direktem Verhältnis zu unserer Gewohnheit, in Hetze zu *sein*. Einige Aktivitäten sind so wichtig, dass sich jeder Mensch einfach Zeit für sie nehmen *muss*. Essen gehört dazu. Achten Sie darauf, dass Sie mindestens eine Mahlzeit am Tag zu sich nehmen, bei der Sie am Tisch sitzen und Messer und Gabel benutzen. Blumen, Kerzen, Stoffservietten und Geschirr, das kaputt geht, wenn Sie es fallen lassen, sorgen für mehr Lebensqualität.

Achten Sie, selbst wenn Sie es eilig haben, auf Ihre Ess- und Trinkgewohnheiten. Es kostet nicht mehr Zeit, Ihren morgendlichen Saft oder Ihren Eistee in ein schönes Glas zu gießen, anstatt ihn aus der Tüte zu trinken.

Wenn Sie so in Eile sind, dass Sie nichts Vernünftiges zu essen auftreiben können, essen Sie lieber gar nichts. Sofern Sie keine medizinische Indikation haben, die es erfordert, streng nach Zeitplan zu essen, wird das Warten Ihnen nichts schaden. Als ich auf dem College war, wurde mein Englischprofessor, Dr. Jeremiah Cameron, einmal furchtbar wütend, weil mehrere von uns während seiner Macbeth-Vorlesung Süßigkeiten verzehrten. »Das ist grotesk«, brüllte er, »ihr solltet fasten, um eure Seelen zu retten!«

Das war eine ziemlich drastische Reaktion, aber ich habe sie mein Leben lang nicht vergessen. Ich esse kaum noch Süßigkeiten, und wenn ich Lust auf Schokolade habe, dann gönne ich mir eine gute Sorte: sahnig, dunkel und in Form eines Herzens, einer Blume oder eines Goldbarrens.

Beginnen Sie mit dem, was Sie in den Mund stecken, und gehen Sie von dort aus weiter, indem Sie auch die Qualität der »Nahrung«, die Sie Ihrem Geist und Ihrem Herzen zuführen, verbessern. Gute Bücher, Filme und Gespräche sind wie eine Mahlzeit, die mit Geschmack zubereitet worden ist und mit Liebe serviert wird. Schlechte sind die geistige Entsprechung zu Schweineschwarte und Tütensuppen.

Machen Sie sich die kleine Lebensweisheit zunutze: »Trinken Sie guten Kaffee, genießen Sie gutes Essen.« Wenden Sie sie auf jede Mahlzeit, jeden Einkauf und jedes Freizeitvergnügen an, das dazu gedacht ist, Sie körperlich und spirituell zu nähren. *Bon appétit!*

17.

Werden Sie ein Star

Sie sind bereits im Besitz der sieben Fähigkeiten,
die Sie brauchen, um ein Star zu sein.

Es gibt Arbeit zu tun. Es gibt Verpflichtungen einzuhalten. Körper und Seele, ein Haus, eine Familie und was immer Sie sonst noch haben, zu pflegen erfordert Energie und Pragmatismus. Um ein verzaubertes Leben zu führen, ist es jedoch ab und zu angebracht – ja sogar notwendig –, sich einen Auftritt zu gönnen.

An wichtigtuerischer Zurschaustellung mangelt es uns heute nicht, aber echte Auftritte mit Substanz sind selten. Sie sind jedoch bereits im Besitz der sieben Fähigkeiten, die Sie brauchen, um im Rampenlicht zu stehen. Nutzen Sie sie, und Sie werden Starqualitäten ausstrahlen. Ein unsichtbarer roter Teppich wird vor Ihnen ausgerollt werden, wo immer Sie hingehen.

1. *Stellen Sie sich durch Talent ins Rampenlicht.* Wenn Sie singen können, dann übertreffen Sie mich bei weitem, weil ich keinen Ton halten kann. Ich bin ähnlich beeindruckt, wenn Sie eine Schwimmprüfung bestanden haben oder etwas Erkennbares malen können, wenn Ihre Mathematikkenntnisse über die Grundlagen von Algebra hinausgehen oder Sie ein afrikanisches Veilchen am Leben halten können. Für Menschen, die nicht können, was Sie können – und die meisten Menschen können es nicht –, sind Ihre Talente absolut bestechend. Entwickeln Sie sie weiter. Bringen Sie sie zum Ausdruck. Und gewöhnen Sie sich daran, auf Ihre Mitmenschen hinreißend zu wirken.

2. *Stellen Sie sich durch Bereitschaft ins Rampenlicht.* Vielleicht haben Sie mal den abgegriffenen Witz gehört: »Mein Schiff lief ein, aber ich wartete gerade am Flughafen.« Viele Menschen verpassen Gelegenheiten, weil sie zur falschen Zeit am falschen Ort oder einfach nicht bereit sind. Seien Sie bereit. Lernen Sie, was Sie wissen müssen, und treffen Sie die Menschen, die Sie kennen

müssen. Halten Sie Ihre Angelegenheiten in Ordnung, damit Sie nicht aufgrund irgendwelcher persönlicher Verwicklungen Ihre Chance zum Aufstieg verpassen. Und machen Sie sich zurecht, bevor Sie das Haus verlassen. Sie werden vielleicht nicht wie ein klassischer Filmstar auf der Straße entdeckt werden, aber wer weiß, wen Sie zufällig treffen?

3. *Stellen Sie sich durch Qualität ins Rampenlicht.* Seltenheit bestimmt den Wert einer Sache. Wir leben in einem Zeitalter des Überflusses, das heißt, Quantität ist nicht länger ein Garant für einen gelungenen Auftritt. Anders Qualität, die immer hoch im Kurs steht. Füllen Sie Ihr Leben damit. Kaufen Sie lieber weniger Dinge und lassen Sie die, die Sie haben, Schönheit oder Nützlichkeit verkörpern. Leisten Sie hochwertige Arbeit, egal, ob Sie nun einen Brief tippen oder ein Kind unterrichten. Leben Sie ein qualitativ hochwertiges Leben durch die guten Dinge, die Sie tun, und die Würde, die Sie wahren.

4. *Stellen Sie sich durch ein lautes »Ja« ins Rampenlicht.* Es ist Vorsicht angesagt, wenn Sie abends allein spazieren gehen oder in der Nähe von Bären zelten. Ansonsten wird Vorsicht völlig überbewertet. Wenn ein Angebot, eine Möglichkeit oder eine Gelegenheit in Ihrem Inneren auf Resonanz stößt, dann sagen Sie einfach »Ja«. Informieren Sie sich später über die praktischen Aspekte, wenn Sie müssen. Macht Ihnen das Angst? Sicher. Es wird jeden, der ewig überlegt und dann so etwas wie: »Ich komme auf Ihr Angebot zurück« murmelt, ziemlich überrumpeln.

5. *Stellen Sie sich durch Freiheit ins Rampenlicht.* Nichts ist so attraktiv für den menschlichen Geist wie Freiheit. Wenn es Ihnen in irgendeinem Bereich daran mangelt, dann tun Sie etwas dagegen. Wenn Sie eine Sucht haben, überwinden Sie sie. Wenn Sie Schulden haben, zahlen Sie sie zurück. Wenn ein fehlender Schulabschluss Sie an einen Job oder ein Leben fesselt, das Ihre Persönlichkeit begrenzt, gehen Sie wieder zur Schule. Tun Sie, was immer nötig ist, um frei zu sein.

6. *Stellen Sie sich ins Rampenlicht, indem Sie sich nicht unter-kriegen lassen.* Wenn die Assistentin des Zauberers, die in der Mitte durchgesägt wurde, unversehrt und in einem Stück wieder auftaucht, dann gibt das Publikum seine Begeisterung mit einem kräftigen Applaus zum Ausdruck. Die Welt reagiert ähnlich, wenn sich jemand nicht unterkriegen lässt, nachdem etwas schiefgegangen ist. Es ist immer leichter, sich den Widrigkeiten einfach zu überlassen, als sich ihnen zu stellen und sie zu besiegen. Wenn Sie aber eine Schwierigkeit überwunden haben – mit wackligen Beinen, doch immer noch stehend –, dann treten Sie in den verzauberten Kreis der Siegreichen ein.

7. *Stellen Sie sich ins Rampenlicht, indem Sie etwas durchziehen.* An der Startlinie gibt es immer einen großen Menschenauflauf. Sehr viel weniger laufen das Rennen auch zu Ende, bleiben bei einem Projekt oder halten ein Versprechen. Gesellen Sie sich zu ihnen, falls Sie es nicht bereits getan haben. Machen Sie auch bei den schwierigen Abschnitten weiter. Halten Sie Ihre Abgabefris-

ten ein. Leisten Sie ein wenig zusätzliche Arbeit. Bringen Sie für das Ende ebenso viel Begeisterung auf wie für den Anfang.

Ein Schritt ins Rampenlicht öffnet Ihnen Türen, die andernfalls verschlossen blieben. Ein gelungener Auftritt beeindruckt Ihr Publikum und inspiriert Sie.

18.

Halten Sie inne

Machen Sie es sich zur Gewohnheit, immer wieder innezuhalten,
um bewusst wahrzunehmen, was Sie sehen, was Sie riechen,
wer bei Ihnen ist und wie sich dieser Moment anfühlt.

Es macht Spaß, Menschen zu beobachten, die eine Videokamera in der Hand halten. Sie dokumentieren alles, was sich in Sichtweite befindet, und machen Aussagen wie: »Das sind die Stufen.« Wir würden gut daran tun, unser Leben mit ebensolcher Gründlichkeit »aufzuzeichnen«. Wir können es intensiver fühlen, wenn wir kurz innehalten, um uns bewusst zu werden, was wir gerade erleben. Indem wir uns einen Moment Zeit nehmen, um von unserem Leben zurückzutreten und es zu beobachten, können wir seine Schönheit und seine Vielfalt ganz in uns aufnehmen oder einen Glücksfall erhaschen.

Wir verpassen einen großen Teil unseres Lebens einfach dadurch, dass wir es nicht an uns heranlassen. Jemand sagt uns etwas, und wir sagen »ach so«, ohne wirklich zuzuhören. Oder wir sehen etwas Wunderbares als selbstverständlich an. Oder wir tun so viele Dinge auf einmal, dass nichts unsere volle Aufmerksamkeit bekommt.

In Zeiten extremen körperlichen Schmerzes oder akuter emotionaler Traumata schützt sich unsere Psyche durch einen Abschaltmechanismus. Da wir heutzutage jedoch so von Reizen überflutet werden, setzt dieser Schutzmechanismus manchmal sogar bei äußerst positiven Erlebnissen ein. Unser innerer Türhüter versucht, uns vor einem Zuviel zu schützen, indem er willkürlich Ereignisse auswählt, die wir dann nur teilweise registrieren. Wenn wir uns also nicht aktiv darum bemühen, einen bestimmten Sinneseindruck oder eine Begegnung wirklich in uns aufzunehmen, rauschen sie womöglich unbemerkt an der Pforte unseres Bewusstseins vorbei.

Wenn Sie es sich zur Gewohnheit machen, immer

wieder mal innezuhalten, um ganz bewusst wahrzunehmen, was Sie sehen, was Sie riechen, wer bei Ihnen
ist, wie sich dieser Moment körperlich und emotional
anfühlt, dann sind Sie auf dem besten Weg, Ihr Leben
ganz auszuschöpfen. Nehmen Sie sich auch nach einem
Erlebnis, und sei es noch so klein, ein paar Minuten
Zeit, um es aktiv zu verarbeiten und bewusst im Gedächtnis abzuspeichern.

Vor einiger Zeit war ich in New York und habe bei
einem Vortrag neben einer Frau namens Lea gesessen.
Nach dem Vortrag gingen wir ein Stück zusammen
nach Hause, und ich erfuhr, dass Lea genau wie ich
schreibt und regelmäßig Yoga macht. Wir verabredeten
uns spontan zum Mittagessen. Danach ging sie ihres
Weges, und ich hielt kurz inne. Es war nur eine Minute
lang, dort an der Ecke der 52. Straße und der Park Ave-
nue, aber ich blieb einfach inmitten der Menschenmas-
sen und des Lärms stehen, um die wunderbare Erfahrung, dass ich eine neue Freundin gewonnen hatte, zu
verinnerlichen. Ich konnte das nicht einfach vorüber-
ziehen lassen, ein Taxi rufen und zur Tagesordnung

übergehen, ohne dieses unerwartete Geschenk einen Moment lang ganz still zu genießen.

Dieses Innehalten ist besonders wichtig an den Wendepunkten unseres Lebens – bei Familientreffen, beruflichen Veränderungen oder besonderen Reisen. Das sind Ereignisse, die wir intensiv erleben möchten, doch gelingt uns das nicht immer, weil das Leben um uns herum ein fieberhaftes Tempo angenommen hat. Als William und ich heirateten, entliehen wir der jüdischen Tradition einen Hochzeitsritus, der es der Braut und dem Bräutigam erlaubt, unmittelbar im Anschluss an die Zeremonie 15 Minuten lang allein zu sein. Was für eine kostbare Zeit das war! Die Hochzeitsvorbereitungen, die Gäste im Haus und der ganze Trubel hatten tagelang den größten Teil unserer Aufmerksamkeit in Anspruch genommen. Die Zeremonie war schön, aber öffentlich gewesen. In jener zurückgezogenen Viertelstunde konnten mein Mann und ich endlich in Kontakt miteinander kommen und uns an den Grund für all den Rummel erinnern.

Wenn die Aussicht, einfach innezuhalten, Ihnen

Angst macht, weil Sie glauben, etwas zu verpassen, dann denken Sie daran, dass Sie ohne innezuhalten alles verpassen könnten. Es gibt auch in Ihrem Alltag kleine Zeit-Oasen, die zum kurzen Verweilen einladen. Vor den Mahlzeiten einige Minuten lang ein Gebet zu sprechen oder in Stille zusammenzusitzen, ist eine solche Oase. Sich Zeit zu nehmen, um sich innerlich neu zu ordnen, wenn Sie von der Arbeit nach Hause kommen, ist eine weitere. Sie können sich auch in einen ruhigen Raum zurückziehen, um eine Zeit lang bewusst zu atmen (vergleichen Sie Geheimnis 19, »Atmen Sie«), wenn Sie sich angespannt oder erschöpft fühlen. Diese Pausen laden Ihre Akkus wieder auf und verhindern, dass Ihr Leben an Ihnen vorbeigeht.

19.

Atmen Sie

Atmen Sie Leben und Kraft ein.
Und atmen Sie Stress, Sorgen und Ballast aus.

Der kleine Junge im Wartebereich des Flughafens war außer sich – und er zeigte das mit seiner ganzen Lungenkapazität. Papa und Oma bemühten sich vergebens, ihn mit Spielzeug und Versprechungen zu beruhigen. Als die Mama kam, kniete sie sich vor ihr Kind hin, schaute ihm in die Augen und sagte: »David, atme.« Fast sofort hörte das Brüllen auf, David beruhigte sich, und Minuten später tollte er schon wieder umher, spielte und lachte und hatte seinen Wutausbruch völlig vergessen.

Manchmal müssen auch wir Erwachsenen uns das sagen, was die Mutter dem kleinen David gesagt hat: »Atme.« Therapeuten definieren Aufregung als »phy-

sische Reaktion auf gegebene Reize«; die Hauptreakti-
on ist eine flache Atmung. Langsames und tiefes Atmen
wirkt nervöser Spannung entgegen und wandelt sie *automatisch* in Entspannung um.

Bewusstes, richtiges Atmen, und sei es nur für einige
Minuten pro Tag, hilft Ihnen entscheidend dabei, ge-
lassener zu werden. Es ist ein Geschenk des Himmels,
wenn Sie sich in einer Situation befinden, die so stress-
geladen ist, dass der krampfhafte Versuch, sich zu entspannen – ein Widerspruch in sich selbst –, genauso
wenig bringt, wie einem heulenden Kleinkind ein Spielzeug hinzuhalten. Atemkontrolle ist der ultimative
Stressmanager, weil sie kostenlos ist, sofort wirkt und
immer verfügbar ist.

Die Yogis im alten Indien erhoben das Studium des
Atems zur Wissenschaft. Sie lehrten, dass Sauerstoff
unsere Hauptnahrung ist und dass richtiges Atmen den
Geist besänftigt. Darüber hinaus glaubten die Yogis,
dass der Atem nicht nur das Leben aufrechterhält, sondern auch unseren ständigen Kontakt mit dem Göttlichen.

Auch wenn das Atmen die grundlegendste und kons-
tanteste Aktivität des Lebens ist, ist den meisten Menschen nie vermittelt worden, wie man es richtig macht.

Um wie ein Yogi zu atmen, setzen Sie sich bequem
hin, entweder auf einen Stuhl mit beiden Füßen auf
dem Boden oder mit gekreuzten Beinen auf eine Matte
oder ein Kissen. Halten Sie Ihren Rücken möglichst gerade. Stellen Sie sich das Einatmen als dreiteiligen Prozess vor: Zuerst dehnen Sie Ihren Unterleib aus, dann
Ihr Zwerchfell und zuletzt Ihren Brustkorb. Auf diese
Weise füllen Sie Ihre Lungen ganz mit Luft, anstatt sich
mit der allzu häufigen oberflächlichen Atmung zufrie-
denzugeben, die den Körper nicht vollständig mit Sauerstoff versorgt.

Atmen Sie für eine tiefe Atmung durch die Nase ein
und aus. Geben Sie sich Ihr eigenes Tempo vor, und
denken Sie daran, beim Einatmen Ihren Unterleib, Ihr
Zwerchfell und Ihren Brustkorb nacheinander auszu-
dehnen. Dann atmen Sie vollständig aus und stoßen
dabei die gesamte verbrauchte Luft aus. Strengen Sie
sich nicht an. Hyperventilieren Sie nicht. Finden Sie ei-

nen Rhythmus, der Ihnen angenehm ist. Atmen Sie bewusst ein oder zwei Minuten oder fünf oder sechs vollständige Atemzüge lang.

Diese Atemübung eignet sich, um morgens richtig wach zu werden, besonders dann, wenn Sie sie im Freien oder am offenen Fenster machen. Die langsame, stetige Atmung ist auch eine traditionelle Vorübung bzw. begleitende Übung für die Meditation. Beide Techniken miteinander zu verbinden, vervielfacht ihre positive Wirkung.

Unterstützen Sie Ihre Atmung mit Ihrem Denken. Sagen Sie sich beim Einatmen, dass Sie Leben und Kraft einatmen. Stellen Sie sich beim Ausatmen vor, dass Sie Stress, Sorgen und Ballast ausatmen.

Nehmen Sie umgekehrt auch Ihren Atem zu Hilfe, um Ihren Geist zu klären, Ihre Gedanken zu beruhigen und um sich der Inspiration zu öffnen (dieser Begriff bedeutet wörtlich »den Geist einatmen«). Nehmen Sie einige tiefe Atemzüge, bevor Sie in eine Prüfung gehen. Atmen Sie vor einem Vorstellungsgespräch. Atmen Sie, wenn Sie jemandem den Kopf abreißen wollen, aber genau wissen, dass Sie dann diejenige wären, die eine Magenverstimmung bekommen würde. Richtiges Atmen, sagen die Yogis, kann Ihre Gedankenmuster – und damit auch Ihr Lebensmuster – verändern.

20.

Erledigen Sie Unangenehmes

*Sehen Sie dem Unbehagen ins Gesicht, nehmen Sie es an,
und gehen Sie so lange mit ihm herum, bis es zu
Vollkommenheit, Zufriedenheit und Stolz herangereift ist.*

Hinter dem Ruhm, den fast jeder erreichen möchte,
steht immer ein gewisses Maß an Unannehmlichkeit,
das fast jeder vermeiden möchte. Das Ballett, das so
mühelos aussieht, ist erst durch vorherige Anstrengung
so leicht geworden. Die klassische Musik, die wir so gerne hören, wurde nur selten von ausgeglichenen Kom-
ponisten und »auf Bestellung« geschrieben. Der Ekstase gehen fast immer Qualen voraus. Jede Frau, die ein
Kind geboren hat, weiß das.

Nichts, was andere Menschen bewundern, ist ein
Produkt des Zufalls, ob es nun ein sauberes Haus, ein
schöner Garten, eine dicke Rente oder ein höfliches

Kind ist. Es erfordert Entschlossenheit, bis spät in die Nacht hinein zu studieren oder vor Sonnenaufgang aufzustehen, um im Fitness-Studio zu trainieren.

Wir müssen etwas in unser Leben hineinbringen, was die meisten Menschen möglichst umgehen: Disziplin, Durchhaltevermögen, eine gesunde Lebensweise, Geduld und Zuverlässigkeit. Stellen Sie es sich als Militärschule für ein verzaubertes Leben vor.

Das soll nicht heißen, dass Unbehagen um seiner selbst willen wünschenswert sei. Aber häufig verwandelt sich das Unbehagen, wenn wir bereit sind, es zu ertragen, in etwas anderes. Sie haben sicher auch schon die Erfahrung gemacht, dass Sie keine Lust haben, sich sportlich zu betätigen, sich aber trotzdem aufraffen und sich dann hinterher großartig fühlen. Genauso kann es sich wie ein Appell zum Elendsein anfühlen, wenn Sie einen Stapel unerledigter Briefe zu beantworten oder einen Haufen zerknitterter Wäsche zu bügeln haben. Aber sobald Sie einmal mit dem Schreiben oder Bügeln begonnen haben, nimmt die Arbeit ein Eigenleben an und kann überraschend angenehm sein.

Egal, ob es sich nun um die leidlichen Pflichten des Alltagslebens oder um eine größere Mutprobe handelt, Sie haben Kräfte zur Verfügung, die Ihnen dort hindurchhelfen können. Erinnern Sie sich daran, dass nichts ewig andauert. Finden Sie sich mit einem gewissen Maß an Unannehmlichkeit ab, und gehen Sie vorwärts. Und seien Sie sich stets der Tatsache bewusst, dass Sie durch nichts allein hindurchgehen.

Arrangieren Sie sich mit Unannehmlichkeiten, indem Sie sie als Eintrittspreis für das Leben betrachten, das Sie sich wünschen. Sehen Sie dem Unbehagen ins Gesicht, nehmen Sie es an, und gehen Sie so lange mit ihm herum, bis es zu Vollkommenheit, Zufriedenheit und Stolz herangereift ist. Identifizieren Sie sich aber so wenig wie möglich mit dem Unbehagen, damit Sie nicht darin stecken bleiben. Widerstehen Sie der Versuchung, sich lang und breit darüber auszulassen, wie grässlich es war, Ihre Dissertation zu schreiben oder das Rauchen aufzugeben. Sie haben es geschafft. Die Menschen, die es wissen müssen, wissen, wie schwer es war – und Sie zuallererst.

21

Bitten Sie um das,
was Sie haben möchten

*Sie werden erstaunt sein, wie häufig Sie
eine positive Antwort bekommen.*

Da Menschen voneinander abhängig sind, ist es unmöglich, das Leben zu bekommen, das Sie haben möchten, ohne andere Menschen um Hilfe zu bitten. Wenn Sie um etwas bitten, bekommen Sie manchmal ein Nein als Antwort. Wenn Sie nicht fragen, lautet die Antwort immer Nein.

Frauen sind dafür berüchtigt, dass sie nicht direkt um das bitten, was sie haben möchten. Viele von uns haben gelernt, dass Andeutungen und Anspielungen die angemessenen weiblichen Kommunikationstechniken seien. Doch Männer sind überfordert, wenn wir von ihnen erwarten, dass sie eine telepathische Hotline haben und wissen sollen, was wir wollen, ohne dass wir es aussprechen. Andere Frauen bringt das ebenfalls zur Verzweiflung. Ihre Freundin macht eine vage Anspielung auf den Jahrestag der Trennung von ihrem Freund und wird dann wütend, weil Sie nicht angeboten haben, mit ihr an diesem Tag Essen oder ins Kino zu gehen. Dann sagt sie: »Das war wirklich wichtig für mich, und du hast es nicht einmal bemerkt.«

Eine wichtige Lektion auf dem Weg zu einem verzauberten Leben besteht darin, bei der nächsten Gelegenheit das laut und deutlich vorzutragen, was Sie wollen. Vielleicht macht es Ihnen Angst, weil es bedeuten kann, dass Sie auf direkte Ablehnung stoßen, aber sobald Sie sich einmal dazu durchgerungen haben, um das zu bitten, was Sie haben möchten, wird es leichter. Als ich beschloss, meinen geregelten Bürojob aufzugeben, um als freiberufliche Schriftstellerin zu überleben oder unterzugehen, fragte mein Arbeitgeber, ob es etwas gäbe, was mir bei meinem Vorhaben helfen könnte. Ich hätte fast automatisch geantwortet: »Nein, danke«, aber stattdessen hörte ich mich sagen: »Sie könnten mir

Ihr Appartement in New York zur Verfügung stellen, wenn ich nächsten Monat dorthin fahren muss, um mich mit Verlegern zu treffen.«

Ich spürte, wie mir die Röte ins Gesicht schoss. Ich hätte mich am liebsten unter seinem großen Mahagoni-Schreibtisch verkrochen, um nie wieder hervorzukommen. Es war zwar kein Geheimnis, dass er und seine Frau ein Appartement in Manhattan besaßen, aber für mich als kleine Angestellte war es haarsträubend anmaßend, um etwas so Vermessenes zu bitten. Während ich im Geiste schon den Platz unter dem Schreibtisch ausmaß, hörte ich meinen Chef antworten: »Gerne! Uns freut es, wenn die Wohnung genutzt wird.« So verbrachten meine Tochter und ich vier wundervolle Tage in einem eleganten Studio mit Blick auf den Central Park, und ich bekam drei Aufträge von Zeitschriften, um damit meine Karriere als freiberufliche Autorin zu starten.

Bitten Sie um das, was Sie haben möchten. Sie werden erstaunt sein, wie häufig Sie eine positive Antwort bekommen. Fragen Sie höflich und direkt. »Ich weiß, dass das dumm ist, und du wirst es wirklich nicht tun wollen, aber ich habe gedacht, ich frage dich trotzdem« ist keine gute Einleitung. Fragen Sie einfach. Antworten Sie »danke« auf ein Ja und »trotzdem vielen Dank« auf ein Nein. Wenn Sie abgewiesen werden, dann fragen Sie jemand anderen; geben Sie nicht beim ersten Nein auf, sondern suchen Sie einen anderen Weg, um Ihren Wunsch zu erfüllen.

Fördern Sie das Fragen und Bekommen, indem Sie, sooft Sie können, bejahend auf die Bitten anderer Menschen reagieren, ohne dabei Ihr eigenes Leben und Ihre Hauptverpflichtungen zu vernachlässigen. Abgesehen davon, dass Sie anderen Menschen damit entgegenkommen, leisten Sie auch jedesmal, wenn Sie deutlich und voller Erwartung um etwas bitten, einen Beitrag für die Welt. Denn es ermuntert jeden Menschen in Hörweite dazu, dasselbe zu tun.

22.

Werden Sie eine gelassene Frau

Eine gelassene Frau plant stets ein gewisses Maß
an Leere in ihren Tagesablauf ein. Auf diese Weise hat
sie immer Zeit für andere Menschen.

Der allerwichtigste Schritt, um sich in dieser Zeit weit
verbreiteter Geschäftigkeit ein verzaubertes Leben zu
erschaffen, ist, zu einer gelassenen Frau zu werden. Es
gibt sie wirklich: Ich kenne mehrere, und ich tue mein
Bestes, um ihnen nachzueifern. Sherry ist eine von ihnen. Sie führt ein herausforderndes Leben als Kran-
kenschwester und Mutter von sechs Kindern, von denen zwei auf dem College sind und zwei noch in den
Windeln. Sie schreibt Gedichte und Belletristik für Ju-
gendliche. Außerdem gibt sie Seminare zu den The-
men Geburtshilfe und natürliche Geburt. Sie führt den
Haushalt mit dem knappen Verdienst ihres Mannes,

der Ober in einem Hotel ist, und sie organisieren ihre Arbeitszeiten so, dass jeder zum Abendessen zu Hause ist und keines ihrer Kinder in die Kindertagesstätte gehen muss.

Wenn ich über Frauen wie Sherry lese, dann denke ich immer, dass irgendetwas ausgelassen worden ist: Vielleicht eine patente Großmutter, die im Haus lebt, oder ein Treuhandvermögen, durch das zusätzliche Gelder strömen. Doch ihr Geheimnis liegt weder in einer heimlichen Haushaltshilfe noch in einem zusätzlichen Einkommen: Es ist ihre unerschütterliche Gelassenheit. Diese Frauen sind vielleicht viel beschäftigt, aber sie sind nicht gehetzt. Sie weigern sich einfach, es zu sein.

Einer gelassenen Frau sind ihre Prioritäten heilig. Sie verschwendet keine Zeit mit dem Versuch, ihre Energien aufzuteilen, weil sie weiß, was für sie Vorrang hat. Eine gelassene Frau trifft kühne Entscheidungen. Ihr Leben als Ganzes beinhaltet oft unzählige Aufgaben, aber sie würde nie in den einzelnen Tag mehr hineinpacken, als sie bequem erledigen kann. Im Geiste des

Heiligen Franziskus ist sie bereit, »wenige Dinge zu tun, aber sie gut zu tun«. Sie kann ihre Aufgabenliste auf einem kleinen Zettel unterbringen. Sie plant stets ein gewisses Maß an Leere in ihren Tag ein. Auf diese Weise hat sie fast immer Zeit für andere Menschen.

Können wir alle zu gelassenen Frauen werden? Ich glaube ja – aber wir müssen es wollen. Es ist schwer, sich gegen die vorherrschende Vorstellung zu wehren, dass wir nur dann etwas wert sind, wenn wir möglichst viel auf die Beine stellen. Indem wir das glauben, schätzen wir uns nur für das, was wir *tun*, und nicht dafür, wer wir *sind*.

Natürlich lieben es einige von uns wirklich, immer unter Strom zu stehen und ihr Leben auf der Überholspur zu führen. Es kann sich berauschend anfühlen, von einem Ort zum anderen zu jetten oder sich mit einer Person zu unterhalten, während man noch zwei andere in der Warteschleife am Telefon hat. Wir steigern den Wahnsinn noch mit unseren Handys, Organizern und genug Kaffee, um eine ganze Kompanie drei Tage lang wachzuhalten. Das ist zwar eine aufregende Art zu leben, aber auch der kürzeste Weg, den Kontakt mit dem zu verlieren, was uns wirklich wichtig ist.

Um zu einer gelassenen Frau zu werden, stellen Sie sich zunächst einmal vor, wie Sie sich fühlen würden, wenn Sie nicht immer in Eile wären. Ziehen Sie eine Reihe unterschiedlicher Gefühle in Betracht: Frieden, Leere, Freiheit, Besorgnis, Entspannung und sogar Langeweile.

Wenn Sie mutig genug sind, um weiterzumachen, schauen Sie sich nun den Tag an, der vor Ihnen liegt. Wie vollgepackt ist er? Wo können Sie etwas herausnehmen oder aufschieben, um Platz in Ihrem Kalender zu schaffen? Wie können Sie das, was übrig bleibt, auf gelassene Weise erledigen? Können Sie fünf Minuten früher mit der Arbeit aufhören, damit Sie keinen Stress mit roten Ampeln haben? Können Sie heute Abend über das Abendessen von morgen nachdenken, wenn der Druck weg ist? Können Sie Hilfe bekommen? Vielleicht könnte eine andere Mutter Ihre Kinder morgen zu den Pfadfindern fahren, weil Sie ihre letzte Woche dorthin mitgenommen haben.

Es erfordert Mut, eine gelassene Frau zu werden. Es bedeutet, auf Auszeichnungen wie »Ich weiß nicht, wie sie das alles schafft« zu verzichten. Die berauschenden Adrenalinschübe werden größeren Seltenheitswert haben. Freunde, die immer noch an einen unmöglichen Zeitplan und eine unversöhnliche Uhr gefesselt sind, werden denken, dass Sie Konkurs angemeldet haben. Das ist auch so. Aber dadurch haben Sie ein verzaubertes Leben gefunden.

23.

Suchen Sie nach Ihrer Wellenlänge

Sie müssen Orte finden,
an denen Sie sich selbst erkennen.

Wir sind am glücklichsten und produktivsten, wenn wir von Menschen und Plätzen umgeben sind, mit denen wir in Harmonie stehen. Das wurde mir vor einigen Jahren bewusst, als ich aufs Land zog. Ich vermisste die Annehmlichkeiten der Stadt und die Energie der Metropole fehlte mir sogar noch mehr. Auch wenn die Gegend, in der ich lebte, schön war, fühlte ich mich dort nie wie ich selbst. Meine Bekannten machten so häufig die Bemerkung, ich sähe aus wie ein Fisch auf dem Trockenen, dass ich schon dachte, mir seien Kiemen gewachsen. »Du musst Orte finden, an denen du dich selbst erkennst«, sagte mir ein weiser Freund. Und ich erkenne mich in Städten mit komischen kleinen

Theatern, vornehmen alten Warenhäusern, gemütlichen Kaffeehäusern und überfüllten Bussen.

Sich Menschen und Orte zu suchen, mit denen Sie auf einer Wellenlänge sind, bedeutet nicht, sich von Neuem oder Andersartigem fern zu halten. Es kann eine tolle Erfahrung sein, sich in einem neuen Freund oder einer fremden Umgebung zu »erkennen«. Ob Sie jenes wunderbare Gefühl, »angekommen« zu sein, nun in der Hängematte im Garten, im Café um die Ecke oder auf einem Markt in Peking empfinden: Stärke beziehen Sie daraus, wenn Sie in Ihrem Element sind.

Das gilt vor allem in Zeiten der Veränderung. Achten Sie in Übergangsphasen wie Heirat, Umzug, Trennung oder Berufswechsel besonders darauf, Orte zu finden, an denen Sie sich selbst erkennen. Besuchen Sie die Kirche, in die Sie in Ihrer Kindheit gegangen sind, selbst wenn Sie jetzt einer anderen Glaubensrichtung angehören. Lesen Sie ein Buch, das Sie geliebt haben, als Sie es zum ersten Mal gelesen haben. Rufen Sie einen alten Freund oder eine alte Freundin an, die zuhören kann und die richtigen Worte findet.

Suchen Sie häufig Plätze auf, an denen Sie Stammkundin sind. Es liegt etwas Beruhigendes darin, *Ihr* Postamt, *Ihren* Zeitungskiosk oder *Ihr* Haushalts- und Eisenwarengeschäft zu haben. Füllen Sie Ihre Schränke mit der Art von Lebensmitteln, die Ihnen schmecken. Stellen Sie Beweise für Ihr Leben – selbst gebastelte Dinge, Fotos, Erinnerungsstücke – offen in Ihrem Heim und Ihrem Büro zur Schau. Wählen Sie ein Parfum, das zu Ihnen passt. Sie müssen es nicht ständig tragen – nur oft genug, um sich damit zu identifizieren. Wenn Sie dann das Gefühl haben, zu sich selbst finden zu müssen, riechen Sie Ihren Duft.

Im Einklang mit Ihrer ureigenen Frequenz zu leben bedeutet, aufzuhören, Dinge von sich zu erwarten, die der eigenen Natur vollkommen fremd sind. Ich will damit nicht sagen, dass Sie sich weigern sollten, notwendige Aufgaben zu erledigen – aber wenn es um freiwillige Tätigkeiten geht, können Sie sich unnötige Frustration beim vergeblichen Versuch der Quadratur des Kreises ersparen, indem Sie Aktivitäten vermeiden, die Ihrem Selbst widersprechen.

Als mein erster Mann starb, war unsere Tochter vier Jahre alt. Ich glaubte, ihr nun Mutter *und* Vater sein zu müssen. Also stand ich einen Monat nach der Beerdigung im Park gegenüber unseres Appartementblocks und versuchte, Softball mit meinem Kind zu spielen. Es war eine Katastrophe. Ich war schrecklich darin und deswegen übellaunig. An jenem Nachmittag lernte ich, dass ich mein Wesen nicht radikal verändern konnte, nicht einmal, um ein wichtiges Bedürfnis zu erfüllen. Deswegen bat ich in Zukunft andere Leute, mit Rachael Ball zu spielen. Unsere gemeinsame Freizeit bestand darin, dass wir laut lasen, etwas zusammen malten oder bastelten und spontane Ausflüge an Orte unternahmen, die wir beide faszinierend fanden. Die Energie, die ich darauf hätte verschwenden können, mich dafür zu entschuldigen, ein schlechter Vater zu sein, konnte ich nun dafür nutzen, eine wirklich gute Mutter zu sein.

Wir alle haben bestimmte Gaben. Wenn wir sie nutzen, sind wir in Höchstform – und fühlen uns am wohlsten. Bringen Sie durch Ihre Talente und Interessen die

Menschen, die Sie kennen, und die Orte, an denen Sie Zeit verbringen, auf Ihre Wellenlänge. Erkennen Sie sich selbst in ihnen. Entspannen Sie sich. Machen Sie es sich gemütlich. Wenn Sie sich das Leben erschaffen, von dem Sie immer geträumt haben, vergewissern Sie sich hin und wieder, dass es immer noch wie Ihr Leben aussieht.

24.

Wachsen Sie in schweren Zeiten

Dies ist nicht das Ende der Geschichte. Es ist nur eine
Wende im Handlungsablauf. Wenn wir das vergessen,
können wir leicht verzweifeln oder aufgeben.

Alle erfolgreichen Menschen sind durch Phasen hin-
durchgegangen, in denen sich ihr Glück gewendet hat.
Vielleicht haben sie einen Krieg oder eine Rezession
miterlebt, oder sie haben persönliche Krisen durchgemacht, die ihr Leben zeitweilig alles andere als verzaubert haben aussehen lassen. Wenn wir das Leben dieser
Menschen als Ganzes betrachten, dann können wir
dessen Zyklen erkennen, die Hochs und die Tiefs, die
Erfolge und die Misserfolge.

Wenn es aber um das eigene Leben geht, verliert
man leicht aus den Augen, dass es immer in Zyklen ver-
läuft. In harten Zeiten tritt ein selektiver Gedächtnis-

verlust auf. Vor allem, wenn wir an verschiedenen Fronten gleichzeitig kämpfen müssen – wenn wir Probleme in der Arbeit *und* in der Beziehung haben oder mit gesundheitlichen Schwierigkeiten *und* Geldsorgen konfrontiert sind. In solchen Situationen vergessen wir schnell, dass wir auch vorher schon schwierige Phasen hatten. Wir haben sie immer überlebt, und manchmal haben wir sogar einen Sieg davongetragen.

Meine Freundin Crystal, die mit einer genialen Begabung für die richtige Perspektive gesegnet ist, hat mich schon mehr als einmal erinnert: »Dies ist nicht das Ende der Geschichte. Es ist nur eine Wende im Handlungsablauf.« Wenn wir das vergessen, können wir leicht verzweifeln oder ganz aufgeben. Schwierige Phasen könnten länger dauern, als sie es eigentlich müssten, weil wir sie als endlos statt als vorübergehend ansehen.

Sie können sich selbst auch in eine Krise stürzen, wenn Sie sich allzu sehr mit den Umständen identifizieren. Körperliche Veränderungen durch Schwangerschaften oder das Altern sind für Frauen, die ihr Selbstwertgefühl nur aus ihrem Aussehen beziehen, schwerer zu ertragen. Finanzielle Rückschläge sind härter für die, die glauben, dass sie nicht nur Geld *haben*, sondern ihr Geld *sind*. Je bewusster Sie spüren, wer Sie wirklich sind – die ewige, unbegrenzte Essenz Ihrer selbst –, umso leichter ist es, mit den Bedingungen um Sie herum, die einem ständigen Wandel unterliegen, umzugehen.

Manchmal scheint das Akzeptieren von Veränderungen in Konflikt mit dem positiven Denken zu stehen. Das Beste zu erwarten, scheint keinen Raum für Enttäuschungen, Absagen und Rückschritte zu lassen. Sobald Sie jedoch verinnerlicht haben, dass das Leben sich in zyklischen Mustern vollzieht, schließt sich beides nicht mehr aus. Das Beste kann auf keinem anderen Weg in Ihr Leben kommen.

Wenn Sie gerade eine anstrengende Zeit durchleben, dann akzeptieren Sie, so gut Sie können, dass dies Teil des Musters, Teil des größeren Bildes ist. Holen Sie sich Unterstützung, solange Sie in einer solchen Phase sind. Tun Sie das, was Sie tun können, um durch die Phase hindurchzukommen. Halten Sie nach dem sprichwörtlichen Lichtlein mitten im Dunkeln Ausschau. Trotz all des Ärgers, den uns Veränderungen bereiten, gibt es Hoffnung, denn Veränderung bedeutet auch Veränderung zum Besseren.

25.

Beschließen Sie, dass Sie schön sind

Das Geheimnis ist, davon überzeugt zu sein, dass Sie schön sind. Wenn Sie es sind, werden es andere Menschen auch sein.

Ja, es stimmt: Schönheit ist flüchtig und nichts als äußerer Schein und für die Menschen, die uns lieben, spielt sie ohnehin keine Rolle. Wir alle wissen das. Aber wir wissen auch, dass es attraktive Menschen leichter haben. Studien zeigen, dass Lehrer gut aussehende Schüler bevorzugen, Vorgesetzte gut aussehende Angestellte; und wenn kleine Kinder gebeten werden, die »Fremden« aus einer Reihe von Fotos auszuwählen, dann wählen sie die weniger attraktiven Menschen für diese zweifelhafte Auszeichnung.

Auch wenn die Obsession mit dem äußeren Erscheinungsbild jeden in unserer Kultur beeinflusst, werden Frauen deswegen häufiger ungerecht behandelt als

Männer. Ich finde, dass die einzige Antwort auf diese offensichtliche Ungleichheit sein kann, ein großartig aussehender Mensch zu sein.

Das ist nicht bloß ein Spruch. Mit sehr wenigen Ausnahmen kann das jede Frau jeder Altersgruppe und jeden Körpertyps erreichen. Das Geheimnis ist, davon überzeugt zu sein, dass Sie schön sind. Ich kenne es, seit ich vor einigen Jahren einer Schauspielerin begegnete, die als große Schönheit gilt. Sie vertraute mir an: »Ich bin nicht wirklich schön. Mir ist nur einfach, als ich noch sehr jung war, klar geworden, dass mein Leben besser verlaufen würde, wenn ich es wäre. Also habe ich beschlossen, es zu sein. Das ist der Eindruck, den ich seitdem immer vermittelt habe.«

Durch ihre Offenbarung konnte ich damit aufhören, mich selbst als untersetzt, mit schlechter Haut und der falschen Art von Haaren ausgestattet zu sehen. Stattdessen ließ ich meine innere Schönheit auch nach außen hin sichtbar werden. Vielleicht haben Sie schon Ihren eigenen Weg dafür gefunden. Falls nicht, helfe ich Ihnen gern mit meinen Tipps aus:

Beschließen Sie, dass Sie schön sind. Lassen Sie Ihre Eigenarten und Unvollkommenheiten zu einem Teil Ihrer Schönheit werden, wie die Models, die eine Lücke zwischen den Vorderzähnen zu ihrem Markenzeichen machen. Erinnern Sie sich so lange daran, dass Sie schön sind, bis Sie es selbst glauben. Sobald Sie das tun, werden es andere Menschen auch. Wenn Sie ein Kompliment bekommen, nehmen Sie es ruhig an.

Ignorieren Sie die unbeständigen Maßstäbe der Gesellschaft und betonen Sie Ihre einzigartige Schönheit. Roberta, eine Freundin aus der High-School-Zeit, hat dicke, lockige Haare, ein breites, sinnliches Lächeln und eine üppige Figur. In der Ära der glatt geföhnten Haare, der unsichtbaren Lippen und der Twiggy-Figuren war sie ein unglücklicher Teenager, aber mit 20 hatte sie den Dreh raus. Als wir eines Tages Partykleidung kaufen gingen, wählte sie ein Kleid, das ihr ohnehin schon beneidenswertes Dekolleté noch hervorhob. »Man macht das Beste aus dem, was man hat«, sagte sie. Roberta beschloss, schön zu sein, und schließlich holte die Mode auf.

Pflegen Sie sich gewissenhaft. Unabhängig davon, ob Sie ein Bad mit parfümierten Ölen bei Kerzenlicht oder eine Dusche mit Wasser und Seife bevorzugen, beginnen Sie jeden Tag frisch gereinigt und duftend. Lassen Sie Ihre Haare regelmäßig nachschneiden. Putzen Sie Ihre Zähne gewissenhaft. Pflegen Sie Ihre Finger- und Zehennägel. Kümmern Sie sich um lose Knöpfe, beginnende Risse und abgewetzte Schuhe, als ob Sie einen Kammerdiener hätten.

Leben Sie gesund. »Gesundheit und Schönheit«, schrieb Emerson, »sind der Dank der Natur dafür, dass man ihren Gesetzen entsprechend lebt.« Bewegung, Ruhe und eine vitalstoffreiche Ernährung sind die Quellen für klare Haut, funkelnde Augen, glänzende Haare und einen starken, geschmeidigen Körperbau. Sich um Ihren Körper zu kümmern, gibt Ihnen von Anfang an das *Gefühl*, schön zu sein.

Finden Sie Ihren eigenen Stil. Vielleicht lieben Sie Mode und Make-up, oder vielleicht blühen Sie auf, wenn Sie

Jeans tragen und der Welt Ihr ungeschminktes Gesicht zeigen. Beides kann schön sein. Finden Sie Ihren eigenen Stil, indem Sie darauf achten, wie Sie aussehen, wenn Sie sich am meisten als Sie selbst fühlen. Sie können sich für besondere Gelegenheiten herausputzen, aber Ihr individueller Stil – romantisch, sportlich, exotisch, was auch immer – wird Ihnen erhalten bleiben. Wenn Sie Ihren Stil gefunden haben, werden Sie sich wohl fühlen in Ihrer Haut und auf andere wirken.

Bleiben Sie nicht stehen. Einige Frauen suchen sich einmal einen Stil, der zu ihnen passt, und sehen dann für den Rest ihres Lebens gleich aus. Lassen Sie, ohne sich zur Sklavin der Mode zu machen, Ihr Aussehen sich entwickeln, damit es die Frau widerspiegelt, die Sie heute sind.

Polieren Sie Ihre Seele. Wenn Sie gesund und gepflegt sind und ein positives Verhältnis zu Ihrem Körper haben, werden Sie gut aussehen. Um jedoch wirklich schön zu sein, müssen Sie leuchten. Dieses alterslose, unwider-

stehliche Strahlen kommt von innen. Nehmen Sie sich
Zeit für sich (vergleichen Sie Geheimnis 4, »Nehmen
Sie sich zehn Minuten«). Das wird Ihrem Gesicht so
gut tun wie ein regelmäßiger Termin bei Elizabeth Ar-
den. Tun Sie Dinge, an die Sie glauben, unabhängig
davon, ob es nun aus Liebe oder für Geld ist. Leben Sie
mit Hingabe. Und lächeln Sie viel, dass die Falten, die
Sie bekommen, aufwärts zeigen.

26.

Erfreuen Sie sich an Kleinigkeiten

Wenn wir nicht die Kleinigkeiten des Alltags genießen können,
verfallen wir der Habgier und der Unzufriedenheit.
Ohne die Freude an den kleinen Dingen wollen wir nur immer
größere und immer mehr.

Wir stecken unsere Ziele vor dem Hintergrund einer großen Idee, unsere Freude beziehen wir jedoch aus den Details. Ein verzaubertes Leben ist mit Kleinigkeiten gefüllt, die uns persönlich ansprechen und charakteristisch für uns sind. Es ist wichtig, die kleinen Dinge zu sehen, die Sie glücklich machen, und offen für wundersame Details zu bleiben, die uns unerwartet begegnen. Vor nicht allzu langer Zeit habe ich mir in einer kleinen Boutique einen gehäkelten Topfhut gekauft. Ich war so glücklich, dieses Stück gefunden zu haben – es steht mir, passt gut zu meinem Haarschnitt und erinnert mich an meine Lieblingszeit, die Zwanzigerjahre. Aber das größere Glück im Zusammenhang mit diesem Kauf wurde mir beschert, nachdem ich ihn nach Hause gebracht hatte: Als ich die kleine, beigefarbene Hutschachtel öffnete, stellte ich fest, dass mein neuer Hut in Seidenpapier eingewickelt war, das die Farbe eines Walnuss-Brownies hatte.

Ich liebe Seidenpapier, denn es erinnert mich an Geburtstagsgeschenke und die Taftkleider meiner Kindheit, wenn man sie aus ihrer Schachtel herausnahm. Und dann noch braunes Seidenpapier! Das war eine genauso schöne Überraschung für mich, wie als Teenager braune Tinte zu entdecken, als ich dachte, es gäbe nur blaue und schwarze; oder braunes Brot zu essen, nachdem ich mit kränklich aussehendem Weißbrot aufgewachsen war.

Ich nahm das braune Seidenpapier und glättete es zwischen einem Kunstband mit dem Titel *Gemälde im Louvre*, dem Roman *Vom Winde verweht* und den beiden Bänden eines ziemlich dicken Wörterbuches. Dann faltete ich es der Länge nach und legte es in meine Schachtel mit Verpackungsmaterial, wo es sich nun in Gesellschaft von Seidenbändern, handbedruckten Papieren und Silberschnur befindet. Ich werde es verschenken, um jemand anderem damit eine Freude zu bereiten.

Wenn wir nicht die Kleinigkeiten des Alltags genießen können, verfallen wir der Habgier und der Unzufriedenheit. Ohne die Freude an den kleinen Dingen wollen wir nur immer größere und mehr. Wenn die Menge unserer Besitztümer zunimmt, neigen wir dazu, das Einzelne aus den Augen zu verlieren, und es kann sein, dass wir dann immer weniger finden, was unsere Herzen anspricht.

Gewöhnen Sie sich an, die kleinen Dinge in Ihrem Leben so zu betrachten, wie ein Fotograf nach einem Motiv Ausschau hält. Aber bleiben Sie nicht bei dem stehen, was Sie auf den ersten Blick sehen – nutzen Sie all Ihre Sinne, um ein Kenner von Ereignissen und ihren Details zu werden. Bei einem großen Mittagessen etwa handelt es sich um ein Ereignis, dass es auf einem Teller mit Mohnblumen serviert wurde, ist ein Detail. Ereignis: Eine langjährige Freundin besuchen. Detail:

Seifenblasen mit ihrem zweijährigen Kind machen. Ereignis: Zu Fuß zur Arbeit gehen. Detail: Die Reste Ihres Bagels an ein paar dreiste Tauben verfüttern.

Behalten Sie Ihre Begeisterung für Details nicht für sich. Weisen Sie andere auf die wilden Erdbeeren hin, die kaum sichtbar im Gras versteckt sind; auf die Wasserspeier auf einem unscheinbaren Gebäude, darauf, dass die Luft heute wie London nach dem Regen riecht. Und umgeben Sie sich mit Menschen, die die Bedeutung eines kaum wahrnehmbaren Gegenstandes oder eines Augenblicks verstehen. Da unsere Gesellschaft vor allem dem Großen, Lauten und Offensichtlichen Aufmerksamkeit schenkt, ist es gut, in Ihrer persönlichen Welt Menschen zu haben, die das Kleine, das Ruhige und das Subtile schätzen. Jemand hat einmal gesagt: »Gott zeigt sich im Detail.« Das Gleiche gilt für die meisten Freuden im Leben.

27.

Fühlen Sie mit

Jeder Mensch, den Sie sehen, hat seine tragischen Geschichten. Wir verdienen gegenseitigen Respekt für all das, was wir durchgemacht und überstanden haben.

Man sagt: »Wer nur für sich selbst lebt, lebt für den geringsten Sterblichen.« Mitgefühl öffnet unser Herz. Es verstärkt unseren positiven Einfluss und reicht über unsere unmittelbare Situation hinaus. Ohne Mitgefühl bleibt jeder Erfolg hohl.

Mitfühlen bedeutet, in dem Bewusstsein zu leben, dass Ihr Leben genauso wichtig ist wie meines, Ihre Träume ebenso berechtigt, Ihre Familie ebenso kostbar, Ihr Schmerz ebenso real. Durch Mitgefühl bekommen wir eine andere Sicht der Welt, weil wir nicht länger ihr Mittelpunkt sind. Jeder Mensch, den Sie sehen, hat seine tragischen Geschichten. Wir verdienen gegenseitigen Respekt für all das, was wir durchgemacht und überstanden haben.

Mitgefühl fördert Freundlichkeit, Menschlichkeit und Geduld. Es hilft Ihnen zu erkennen, dass jeder sein Bestes gibt, genauso wie Sie. Es macht es leichter, sich im Zweifelsfall zugunsten anderer unvollkommener Menschen zu entscheiden. Mitgefühl ist auch dann von unschätzbarem Wert, wenn es darum geht, andere so zu akzeptieren, wie sie sind, und ihnen zuzugestehen, dass sie anders sind.

Erweitern Sie Ihr Mitgefühl, indem Sie ganz in Ihrer Nähe anfangen, nämlich bei sich selbst. Wir können so unbarmherzig uns selbst gegenüber sein. Finden Sie den Punkt, an dem Sie anfangen, sich selbst abzuwerten und Fehler wegzurationalisieren. Akzeptieren Sie Verantwortung, aber verschwenden Sie Ihre Zeit nicht mit Schuldgefühlen. Behandeln Sie sich selbst so, wie Sie einen guten Freund behandeln würden.

Entwickeln Sie nicht nur sich selbst gegenüber mehr Mitgefühl, sondern haben Sie auch Mitgefühl mit den Menschen, die Ihnen am nächsten stehen. Das sind die

Menschen, die wir so sehr lieben, dass es uns schier zerreißt, ihren Schmerz zu fühlen. Liebe ohne Mitgefühl ist jedoch egoistisch. Sie führt zu emotionalen Absonderlichkeiten wie Wut darüber, dass die Lieben nicht glücklich sind. Oder dazu, dass unsere Angst, sie zu verlieren, ihren Bedürfnissen nach Wachstum, Erfahrungen und Selbstbestimmung im Wege steht.

Der nächste Schritt besteht darin, mehr Mitgefühl gegenüber anderen Menschen in Ihrem weiteren Umkreis zu zeigen, ihnen zuzuhören und zu helfen, soweit Sie das können. Ein wenig Aufmerksamkeit hilft sehr. Vermeiden Sie es jedoch, sich für andere zu sehr aufzureiben; übertriebenes Mitgefühl kann Ihre Ressourcen erschöpfen. Es herrscht so viel Leid in der Welt, dass es uns überwältigen kann. Ein Weg, sich selbst zu schützen und gleichzeitig mehr Mitgefühl zu empfinden, besteht darin, sich gezielt für eine Sache einzusetzen, die Ihnen am Herzen liegt, und sie aktiv zu unterstützen. Auf diese Weise werden Sie erfahren, dass Sie zwar nicht alleine die Welt retten, doch in einem kleinen Teilbereich viel bewirken können.

Lassen Sie schließlich Ihr Mitgefühl über die Grenzen menschlicher Bedürfnisse hinauswachsen und auch andere Kreaturen einschließen. »Bis er nicht den Kreis seines Mitgefühls auf alle lebenden Dinge ausgeweitet hat«, schrieb Albert Schweitzer, »wird der Mensch selbst keinen Frieden finden.«

Folgen Sie Ihrem Mitgefühl dorthin, wo es Sie hinführt, auch wenn einige Leute bestimmt anderer Meinung sein werden. Vielleicht ist die Sache, für die Sie sich engagieren, nicht deren Sache, oder das Leiden, das Ihre Seele durchbohrt, scheint ihnen nicht bedeutend zu sein. Oder sie sind so sehr mit ihren eigenen Angelegenheiten beschäftigt, dass ihnen nichts anderes wichtig ist. Heben Sie sich etwas Mitgefühl auch für sie auf.

28.

Staunen Sie wie ein Kind

Selbstachtung entsteht, wenn wir unsere persönliche Macht erkennen. Ehrfurcht und Staunen stellen sich ein, wenn wir unsere Machtlosigkeit erkennen. Beide sind wichtig, und in einem verzauberten Leben ergänzen sie sich.

Wenn wir im Geist einen Katalog der Dinge erstellen, von denen wir glauben, dass wir sie haben wollen (mehr Geld, mehr Anerkennung, eine bessere Figur), findet sich auf dieser Liste nur selten der Wunsch »Ich möchte mehr staunen«. Dabei brauchen wir die Fähigkeit zu staunen mehr als all die anderen Dinge. Wenn wir diese Fähigkeit besäßen, könnten wir das Übrige mit viel weniger Mühe bekommen oder einfach ohne es zufrieden sein.

Menschen, die ein verzaubertes Leben leben, werden regelmäßig von Staunen ergriffen. Sie sagen: »Das ist die beste Mahlzeit, die ich je hatte ... das süßeste Baby, das ich je gesehen habe ... das unglaublichste Konzept, das ich je gehört habe.« Sie übertreiben nicht, sondern sie empfinden es wirklich so.

Viele der Geheimnisse eines glücklichen, leichten Lebens haben mit Zuversicht, Kompetenz und Selbstsicherheit zu tun, aber Ehrfurcht und Staunen sind etwas ganz Besonderes. Selbstachtung entsteht, wenn wir unsere persönliche Macht erkennen. Ehrfurcht und Staunen stellen sich ein, wenn wir unsere Machtlosigkeit erkennen. Beide sind wichtig, und in einem verzauberten Leben ergänzen sie sich.

Es gab eine Zeit, in der wir uns noch auf Ehrfurcht und Staunen verstanden. Doch unsere Kindheit ist schon lange her, und wir haben es einfach verlernt. Die Magie – Elfen unter großen Blätterpilzen, unsichtbare Spielgefährten und Schutzengel – ist für ein Kind so real, wie es für einen Erwachsenen real ist, morgens die Zeitung zu kaufen. Und Ehrfurcht wird Ihnen so sicher wieder zur Magie verhelfen, wie Ihnen Münzen in einem Kiosk zu den Neuigkeiten des Tages verhelfen.

Jeder, der diese Magie will, kann sie zurückbekommen. Beginnen Sie damit, Raum für das Geheimnisvolle zu schaffen. Sofern Sie nicht planen, Zauberin zu werden, fragen Sie nicht, wie Zaubertricks funktionieren. Staunen Sie einfach. Albert Einstein hat gesagt: »Derjenige, der nicht mehr innehalten kann, um sich zu wundern und von Ehrfurcht ergriffen zu sein, ist so gut wie tot.«

Vermeiden Sie Exzesse in Ihrem Leben. Sie werden erleben, dass ein großer Teil des Staunens aus dem sinnlichen Vergnügen entsteht, das besonders genussvoll ist, weil es nicht alltäglich ist. Meine Freundin Anne nahm an einer Konferenz für Reiseschriftsteller teil, bei der die Teilnehmer gebeten wurden, ihre schönste Erfahrung bei der Umrundung des Erdballs zu erzählen. Anne antwortete ohne zu zögern: »Brotpudding im Captain's Table in New Orleans zu essen.« Wenn sie diesen Brotpudding jeden Tag essen würde oder ihn nach einem Sieben-Gänge-Menü bestellt hätte, dann wäre die Erfahrung nicht annähernd so erhebend für sie gewesen.

Beobachten Sie schließlich sorgfältig das Leben um Sie herum. Nur wenige Menschen beobachten. Wir sehen. Manchmal schauen wir sogar hin. Aber besinnliche, fokussierte Beobachtung kann nicht in Eile stattfinden oder wenn Sie Angst haben oder gelangweilt sind. Daher beherrschen hauptsächlich Künstler, Wissenschaftler und Kinder die Kunst der Beobachtung. Meine zwölf Jahre alte Stieftochter Siân ist eine Meisterin darin. Wenn sie ein Ereignis wiedergibt, dann beschreibt sie es in allen Details.

Wenn Sie mit dieser Präsenz beobachten können, werden Sie die Erhabenheit des Augenblicks erleben. Beginnen Sie Ihre Beobachtungspraxis in der Natur. Beobachten Sie Blumen, Stürme, Regenbögen, Wolkenformationen, Sonnenaufgänge, Sonnenuntergänge, Felsen, Unkräuter, Pfützen, Vögel, Insekten, Blätter, die vom Baum gefallen sind, Spinnweben und vor allem die Sterne.

Ich plauderte einmal mit Talane Miedaner, Firmen- und Lebenshilfe-Coach in New York, darüber, wie sehr ich ihre Stadt liebe, aber dass ich nicht verstehen könne, warum so viele New Yorker meinen, es gäbe kein Leben außerhalb von Manhattan. »Ich kenne den Grund dafür«, sagte sie. »Die Menschen verlieren ihre Perspektive, wenn sie die Sterne nicht sehen können.«

Schauen Sie nach oben. Schauen Sie sich um. Vermeiden Sie Exzesse. Schaffen Sie Raum für das Geheimnisvolle. Finden Sie jeden Tag mindestens einen Grund, um »Ohh« zu sagen.

29.

Geben Sie einen Schuss Romantik dazu

Ein verzaubertes Leben ist immer romantisch;
egal, ob Sie nun solo oder bis über beide Ohren verliebt sind.
Romantik bedeutet nicht, auf jemanden zu warten, der Rosen
vor Ihre Tür streut; sie bedeutet, das Leben zu lieben und
ungewöhnliche Entscheidungen zu treffen.

Wenn ich zum Friseur gehe, lese ich Männerzeitschriften wie *GQ* oder *Men's Health*, um zu erfahren, was die andere Hälfte der Menschheit denkt. Der Hauptunterschied zwischen Männer- und Frauenzeitschriften besteht darin, dass es in den Zeitschriften für Männer fast keine Artikel zu Beziehungsfragen gibt, während Frauenzeitschriften voll davon sind.

Frauen sind soziale Wesen. Sie schöpfen Kraft daraus, mit anderen Menschen zu kommunizieren, mit ihnen zusammenzuarbeiten und ihre Erfahrungen mit den eigenen zu vergleichen. Eine romantische Liebesbeziehung ist für Frauen die Krönung zwischenmenschlicher Beziehungen. Wir werden gespiegelt, bestätigt und geschätzt.

In einer verzauberten Beziehung nimmt sich das Ego zurück, während sich die Seele für einen höheren Sinn weitet. So gesehen ist Heiraten nichts anderes als ins Kloster gehen, wenn man einmal vom Keuschheitsgelübde absieht.

Wenn zwei Menschen einander wahrhaftig etwas geben möchten und sie als Paar mehr als zwei Individuen sein wollen, wird die daraus erwachsende Beziehung stark sein und sich aus sich selbst heraus immer wieder erneuern. Eine Partnerschaft wird nie vollkommen sein, aber Ihr Leben mit jemandem zu teilen, der das Allerbeste für Sie will, kann unglaublich süß sein. Eine solche Beziehung bekommen Sie am ehesten, wenn Sie sich für sich selbst ein befriedigendes Leben erschaffen. Das gilt, egal, ob Sie sich eine Beziehung wünschen oder Ihre bereits bestehende verbessern wollen. Das Wechselspiel zwischen Liebe und Leben ist die Voraussetzung für alle guten Beziehungen. Wenn Sie verliebt sind, dann sprühen Sie nur so vor Leben. Umgekehrt gilt dasselbe: Wenn Ihr Leben reich und wie ein blühender Garten ist, dann ist auch die Liebe nicht weit.

Wir sind aus der Liebe hervorgegangen, und sie ist das, woraus wir gemacht sind. Zu lernen, vorbehaltlos zu lieben, ist unsere wichtigste Lebensaufgabe. Romantische Liebe wird oft durch Sex verkompliziert, denn wir wissen mit etwas, das zur Ekstase führen kann, nichts anzufangen, also schmälern wir unseren Genuss an der Lust häufig durch Schuld- oder Schamgefühle, durch Exzesse oder Verweigerung. Das sollte uns nicht überraschen – mit dem Genuss von Schokolade ist es ja genauso.

Eine Sache, die so gewichtig ist wie die Romantik, in ein verzaubertes Leben hineinzulassen, erfordert Aufklärung und sichere sexuelle Praktiken. Damit meine ich nicht nur so sinnvolle Dinge wie Kondome und Monogamie, sondern vor allem höchsten Respekt vor dieser außergewöhnlichen Kraft in uns. Einige Menschen behaupten von sich, dass sie »unverbindlichen« Sex praktizieren, aber für die Seele einer Frau gibt es so etwas nicht.

Wenn Sie allein sind, können Sie die Zeit, in der Sie romantische Gefühle nicht mit einem Partner teilen können, nutzen, um sich tiefer in sich selbst und in Gott zu verlieben. Die Metapher von der romantischen Liebe und der Suche der Seele nach dem Göttlichen findet sich in nahezu jeder Religion und Mythologie. Auch wenn es in einer Welt, in der es nur Paare zu geben scheint, nicht leicht ist, alleine zu sein, kann das Pflegen Ihrer spirituellen Seite Ihrem Leben in solchen Zeiten eine ansonsten unerreichbare Tiefe und Reichhaltigkeit verleihen.

Außerdem ist ein verzaubertes Leben immer romantisch, egal, ob Sie solo oder bis über beide Ohren verliebt sind. Romantik bedeutet nicht, auf jemanden zu warten, der Rosen vor Ihre Tür streut; sie bedeutet, das Leben zu lieben und ungewöhnliche Entscheidungen zu treffen. Wenn Sie auf Geschäftsreise sind, ist es romantisch, in einer kuscheligen Bed-and-Breakfast-Pension zu übernachten anstatt in dem üblichen Hotel. Es ist romantisch, Duft auf die Bettdecke zu sprühen, auch wenn Sie alleine schlafen. Es ist romantisch, sich selbst oder Ihrer Katze Gedichte vorzulesen. Und am aller-romantischsten ist es, mit großen Erwartungen zu leben. Lieben Sie in der Zwischenzeit großzügig. Lieben Sie Ihre Familie, Ihre Freunde, Ihre Arbeit, Ihr Leben.

30.

Zählen Sie Ihre Pluspunkte zusammen

*Egal, ob Sie es als Ausdruck Ihrer Dankbarkeit
oder als Realitäts-Check tun – wenn Sie mal alle
Ihre Pluspunkte zusammenzählen, kommt dabei garantiert
ein verzaubertes Leben heraus.*

Manchmal sind wir so sehr damit beschäftigt, unsere Träume zu verfolgen, dass wir vergessen, in welchem Ausmaß wir sie bereits leben. Wir häufen Frustrationen an, indem wir unsere Erfolge oder unser Glück ständig an dem anderer messen. Wir vergleichen dabei unser Innenleben mit ihrem Außenleben.

Meine Freundin Denise spulte bei ihrer Kosmetikerin eine ganze Litanei von Klagen herunter. Schließlich hörte die Frau auf zu feilen, nahm Denises aufgeweichte Hand aus dem Seifenwasser und sah ihr direkt in die Augen: »Denise«, sagte sie zu ihr, »wissen Sie denn nicht, dass Sie die Frau sind, die wir alle gerne wären?«

Hier stellt sich die Frage, warum Psychologen mehr verdienen als Kosmetikerinnen. Dieses unvermittelte Geständnis hat nämlich mehr bei Denise bewirkt, als durch eine posthume Sitzung mit C. G. Jung hätte erreicht werden können. Denise hat sich dadurch vorübergehend von Ihrer Ich-Perspektive gelöst und den Standpunkt eingenommen, den Schriftsteller als *übergeordnete Perspektive* bezeichnen. In jenem Augenblick bekam sie eine Vorstellung davon, wie ihr Leben für den Rest der Welt aussieht – nämlich verdammt gut! Egal, ob Sie es als Ausdruck Ihrer Dankbarkeit oder als Realitäts-Check tun – wenn Sie mal alle Ihre Pluspunkte zusammenzählen, kommt dabei garantiert ein verzaubertes Leben heraus. Und dazu müssen Sie weder Albert Einstein noch Adam Riese sein.

Als Pluspunkt gilt alles, was wunderbar ist; alles, was in Ordnung ist und alles, was nicht so schlecht ist, wie es früher war oder wie es sein könnte. Sehen Sie schon, wie Ihr Punktekonto wächst?

Es kann sein, dass die Pluspunkte-Bilanz anderer Leute besser aussieht als unsere; genauso wie bei einem Restaurantbesuch das Gericht des anderen fast immer besser aussieht als das, was wir bestellt haben. Jedesmal, wenn jemand anderes ein außergewöhnliches Lob, eine Traumreise oder einen Preisnachlass auf ein Paar Schuhe bekommt, scheint das Universum seine Lieblinge zu bevorzugen. So funktioniert es jedoch nicht; die Bank der Pluspunkte wird nicht von Dagobert Duck verwaltet.

Machen Sie sich ein wirklichkeitsgetreues Bild davon, wie die Pluspunkte verteilt sind, indem Sie Ihr eigenes Leben so betrachten, als ob es das von jemand anderem wäre.

Probieren Sie dazu die folgende Übung: Schreiben Sie je einen Pluspunkt auf, den Sie in Ihren unterschiedlichen Lebensbereichen haben. Schreiben Sie etwas Positives über Ihre Familie auf. Schreiben Sie etwas wirklich Gutes über Ihre Finanzen auf. Schreiben Sie etwas auf, was in Bezug auf Ihr Zuhause, Ihre Arbeit, Ihre Gesundheit, Ihre Hobbys, Ihre Ausbildung, Ihr

Auto, Ihr Aussehen, Ihre Talente, Ihre Freunde und Ihren Tagesablauf gut läuft.

Ihre Liste könnte dann so aussehen: »Meine Mutter nimmt samstagabends die Kinder. Ich lege 100 Euro pro Monat an. Mein Appartement hat schönes Parkett. Mein neuer Chef respektiert das, was ich tue. Mein Cholesterinspiegel beträgt nur 135.« Jetzt schreiben Sie Ihre Liste so um, als ob sie einem anderen Menschen gehören würde. »*Ihre* Mutter passt auf die Kinder auf. *Sie* spart 100 Euro im Monat. *Sie* hat wunderschöne Böden, einen tollen Chef und gesunde Arterien.« Es ist leichter, Ihr Leben als Luxus-Modell zu begreifen, wenn Sie sich vorstellen, dass jemand anderes es lebt.

Gönnen Sie sich von Zeit zu Zeit eine Pause, in der Sie einfach nur dankbar sind. Es ist in Ordnung – ja sogar wünschenswert –, davon ergriffen zu sein, dass Sie eine Prüfung bestanden haben; dass Sie sich vom schüchternsten Mädchen in der Schule zu einer charismatischen Spätzünderin entwickelt haben; oder dass die Katze, die Sie von der Straße gerettet haben, 13 Jahre lang Ihre treue Freundin gewesen ist.

Ich kenne die Dynamik nicht genau, nach der die Pluspunkte in unser Leben kommen, aber ich weiß, dass die Anerkennung der Punkte, die wir haben, uns noch mehr von ihnen schenkt.

31.

Erwarten Sie das Gute

Halten Sie nach dem Guten Ausschau – in sich selbst
und in allem, was Sie umgibt. Positives Denken mag kein
Allheilmittel sein, aber es zieht auf magische Weise
das Glück an.

Eine Denkweise, die Ihr Leben verbessert, kostet nicht mehr Zeit als eine Denkweise, die Ihr Leben zur Hölle macht. Menschen mit einem verzauberten Leben halten immer nach dem Guten Ausschau, und ihre Tage verlaufen meistens glatt. Wenn sie sagen, dass es ihnen gut gehe, dann meinen sie das auch so. Das hat nichts mit der Art von positivem Denken zu tun, die verordnet und antrainiert ist, sondern ist vielmehr eine natürliche Offenheit für das Gute.

Wir bekommen das, wonach wir suchen. Aber genauso, wie es bequemer ist, auf dem Sofa abzuhängen, als konsequent Sport zu treiben, ist es viel bequemer, negativen Gedanken nachzuhängen, als unser Denken in eine positive Richtung zu lenken. Einige Menschen werden sogar argumentieren, dass es in gewisser Weise vorteilhaft sei, auf den Weltuntergang zu warten: Wenn er dann nicht kommt, fühlt man sich ungeheuer erleichtert. Es gibt auch eine Art von Aberglauben, bei der man etwas Schreckliches erwartet und das befürchtete Ereignis mit Hilfe seines Willens aus der Welt schaffen möchte. Man könnte dieses schädliche Gedankenspiel als prophylaktische Sorge bezeichnen.

Trotz alledem erwarten wahrhaftig glückliche Menschen grundsätzlich das Beste und verärgern damit ihre pessimistischen Zeitgenossen. Es ist für diese sogar noch ärgerlicher, wenn den Glückskindern dann auch immer wieder wunderbare Dinge passieren, was ständig der Fall ist. Werden Sie auch zu einem Ärgernis der ständigen Bedenkenträger!

Auch vom wissenschaftlichen Standpunkt aus gesehen sind Sie im Recht, wenn Sie ein positives Ergebnis erwarten, weil es sich häufiger einstellt. Das Leben hat

ein natürliches Interesse an seinem eigenen Fortbe-
stand. Daher setzt es sich meistens durch. Das soll nicht
bedeuten, dass man die Existenz von Enttäuschungen,
Verlusten und Traurigkeit leugnet. Selbst diese Erfahrungen erweisen sich jedoch als Teil einer Weiterent-
wicklung zu etwas Gutem, wenn Sie sie aus der Distanz
betrachten.

Lernen Sie, sich mit der Erwartung des Guten wohl
zu fühlen, indem Sie eine Reihe positiver Präzedenzfälle zusammentragen. Verfolgen Sie Ihr Leben zurück,
und erinnern Sie sich an Ihre Erfolge, Ihre Wachs-
tumssprünge und Ihre Siege. Schreiben Sie sie auf. Notieren Sie nur Ereignisse, an die Sie sich wirklich erinnern, keine, die Ihnen nur erzählt wurden. Wie weit die
chronologische Reihe zurückreicht, spielt keine Rolle.
Die verkürzte Präzedenzfall-Liste einer fünfzigjährigen
Frau könnte Folgendes umfassen: »Vier Jahre alt: Na-
men geschrieben. Sieben Jahre alt: Fahrrad gefahren.
Zwölf Jahre alt: Solo bei einer Schulveranstaltung ge-
sungen. 17 Jahre alt: Stipendium bekommen. 28 Jahre
alt: Mit dem Rauchen aufgehört. 31 Jahre alt: Sohn

geboren. 42 Jahre alt: Magisterabschluss. 50 Jahre alt: Silberhochzeit.«

Eine solche Liste ist der sichtbare Beweis für Ihre Fähigkeiten und für die Großzügigkeit des Lebens. Es entspricht der menschlichen Natur, dass wir unser Augenmerk auf die Fälle richten, bei denen wir unser Ziel nicht erreicht haben, und daraus Beweise dafür ableiten, dass wir auch in Zukunft versagen werden. Sich bewusst zu machen, dass wir eine ganze Reihe positiver Präzedenzfälle geschaffen haben, ist ein solider Hintergrund, um positiv in die Zukunft zu blicken.

Halten Sie nach dem Guten Ausschau – in sich selbst und in allem, was Sie umgibt. Positives Denken mag kein Allheilmittel sein, aber es zieht auf magische Weise das Glück an.

32.

Machen Sie Ihr Bett

Es gibt eine Reihe von Tätigkeiten, die Ihnen helfen,
sich effizient, gut organisiert und tüchtig zu fühlen.

Da es so viele Umstände gibt, über die wir keine Kontrolle haben, ist es befreiend, bewusst die Kontrolle über diejenigen zu übernehmen, die in unserer Hand liegen. Deswegen ist es eine so wichtige Angewohnheit, jeden Morgen sein Bett zu machen.

Mit diesem Ritual schließen Sie symbolisch die letzten 24 Stunden ab und ebnen den Weg für einen unberührten Tag. Ein gemachtes Bett schafft ein Bild der Ordnung. Wenn Sie tagsüber zu Hause sind, kann Ihnen ein bloßer Blick in diesen Raum ein Gefühl von Ruhe und Erfüllung geben. Wenn Sie außer Haus sind, hilft Ihnen die Erinnerung an Ihr gemachtes Bett dabei, sich effizient, gut organisiert und tüchtig zu fühlen.

Außer dem Bettenmachen gibt es noch eine ganze Reihe von Tätigkeiten, die in Ihnen diese aufgeräumte Stimmung hervorrufen können. Wenn ich versuchen würde, sie immer alle einzuhalten, würde ich durchdrehen. Aber mich regelmäßig an einige von ihnen zu halten, erleichtert meinen Alltag.

Lassen Sie sich von den folgenden Anregungen inspirieren. Sie stammen von Frauen, die ein verzaubertes Leben führen (bzw. dabei sind, sich ein solches zu erschaffen):

- ❧ Sorgen Sie dafür, dass Sie immer frisch gewaschene Haare haben.

- ❧ Setzen Sie sich bei den Mahlzeiten hin (vergleichen Sie Geheimnis 16, »Genießen Sie eine Tasse guten Kaffee«).

- ❧ Benutzen Sie Zahnseide.

- ❧ Sortieren Sie Ihre Post in Stapel mit zu beantwortender, zu bezahlender und abzulegender Post und werfen Sie den Rest sofort weg.

❧ Lesen Sie Ihren Kindern eine Gutenachtgeschichte vor (oder erzählen Sie eine) – notfalls am Telefon, wenn Sie nicht zu Hause sein können.

❧ Trinken Sie täglich ein Glas frisch gepressten Obst- oder Gemüsesaft.

❧ Räumen Sie jeden Abend Müll und unnütze Dinge aus Ihrem Auto aus.

❧ Legen Sie sich die Kleidung, die Sie zur Arbeit anziehen wollen, schon am Vorabend zurecht.

❧ Bürsten Sie den Hund.

❧ Reservieren Sie ein monatliches Budget für neue Unterwäsche, sodass Sie keine abgetragenen Sachen in Ihren Schubladen herumliegen haben.

❧ Lassen Sie kein schmutziges Geschirr außerhalb der Geschirrspülmaschine herumstehen.

❧ Nutzen Sie die letzte halbe Stunde des Arbeitstages dafür, Ihren Schreibtisch aufzuräumen und sich um lästige Kleinigkeiten zu kümmern – das macht den

Arbeitsbeginn am nächsten Morgen sehr viel angenehmer.

❧ Gleichen Sie Ihr Konto innerhalb von drei Tagen aus, nachdem Sie die Bankauszüge erhalten haben.

❧ Stellen Sie beim Abendessen Kerzen auf den Tisch.

❧ Treiben Sie regelmäßig Sport.

❧ Trotzen Sie der Schwerkraft, indem Sie Kleidung aufheben und sie aufhängen.

❧ Plaudern Sie um die Mittagszeit regelmäßig mit Ihrer großen Liebe am Telefon.

❧ Schreiben Sie Tagebuch.

❧ Bringen Sie alle Dosen, Flaschen und das Altpapier in die jeweiligen Recyclingcontainer.

❧ Helfen Sie jemandem. Das tun Sie, so wie Sie Ihr Bett machen, am besten jeden Tag.

33.

Verbannen Sie die kleinen Ärgernisse

Es gibt keinen Weg, um kleine Ärgernisse ganz zu vermeiden, aber Sie können die einschränken, die immer wieder passieren.

»Es ist noch nie jemand über den Mont Blanc gestolpert«, hat mir meine Freundin Mary Beth immer gesagt. »Es sind die kleine Dinge, die einen kriegen.« Sie hatte Recht. Wenn ein ernsthaftes Problem auftaucht, dann mobilisieren wir unsere Abwehrmechanismen. Der Körper pumpt Adrenalin in die Adern, und der Verstand arbeitet auf Hochtouren. In Krisenzeiten kommen Familienmitglieder und Freunde zu Hilfe, und Ärzte, Rechtsanwälte, Priester und Berater sind in ihrem Element. Bei den täglichen kleinen Ärgernissen dagegen sind Sie auf sich alleine gestellt.

Wie viele Male haben Sie sich selbst schon sagen hören: »Es ist keine große Sache«, während Sie Ihre Zähne zusammenbeißen und Ihnen heiß und kalt wird? Eine Ansammlung solcher »kleinen Sachen« kann einen ganz guten Tag schnell in eine schiere Katastrophe verwandeln.

Hier haben Sie einen Morgen voller typischer – vermeidbarer – »kleiner Sachen«: Jemand hat vergessen, den Wecker zu stellen, also fangen Sie Ihren Tag zu spät an. (Keine große Sache – nur zehn Minuten.) Jemand hat den Verschluss nicht auf die Zahnpasta geschraubt und sie hat einen ekelhaften kleinen Klumpen gebildet. (Keine große Sache. Entfernen Sie ihn von der Bürste und fangen Sie noch einmal von vorne an.) Der Messlöffel für den Kaffee fehlt und Sie brauen sich etwas zusammen, das so schmeckt, als ob es die Pest heilen könnte. (Keine große Sache. Es gibt Kaffee im Büro.) Der lose Knopf springt von Ihrem Mantel ab und rollt unter den Schrank. (Keine große Sache. Es gibt noch einen Extraknopf im Nähkästchen oben.) Sie verpassen den Bus. (Keine große Sache. Es fährt alle sieben Minuten einer. Natürlich sind Sie schon zehn Minuten zu spät.)

Sie verstehen, was ich meine. Es ist schön, gelassen zu sein, aber selbst ein Heiliger wäre nach einem solchen Morgen gereizt. Es gibt keinen Weg, um kleine Ärgernisse ganz zu vermeiden, aber Sie können die einschränken, die immer wieder passieren. Was bringt Sie immer wieder in Rage? Erstellen Sie eine Liste dieser Ärgernisse, und kümmern Sie sich um jedes mit derselben Konzentration, die Sie für ein Projekt im Büro aufbringen würden.

Nehmen Sie zum Beispiel Schlüssel. Sie sind leicht zu verlieren und schwer zu finden. Man kann sie im Zündschloss stecken lassen, manchmal sogar bei laufendem Motor. Wenn Sie mehr Kontrolle über Ihre erwachsenen Kinder haben als über Ihre Schlüssel, dann überlegen Sie sich idiotensichere Lösungen. Sie könnten zum Beispiel ein Schlüsselbrett an der Eingangstür anbringen, Haus- und Autoschlüssel an einer sicheren Stelle draußen verstecken, einigen vertrauenswürdigen Freunden Schlüssel geben, damit immer jemand in Ihr Haus oder Ihr Auto kommt. Sie könnten zu einem Schlüsseldienst gehen und sich einen dieser Plastikbeutel besorgen, um wichtige Schlüssel in Ihrer Brieftasche herumtragen zu können. Und wenn Sie dafür bekannt sind, dass Sie bereits sowohl Ihre Schlüssel als auch Ihre Brieftasche im Auto eingeschlossen haben, dann treten Sie einem Automobilclub bei, der bereit ist, Ihr Auto in solchen Fällen zu öffnen.

Das klingt vielleicht nach zu viel des Guten, aber wenn Sie mal ein solches System zur Verhinderung von Ärgernissen eingerichtet haben, werden Sie mehr Zeit und mehr Seelenfrieden haben. Potenzielle Ärgernisse zu entschärfen ist sinnvoller, als ständig gegen vorhandene anzukämpfen. Kleine Probleme werden nicht so überwältigend erscheinen, weil Sie sofort über eine Lösung nachdenken. Sie werden zu einem jener bewundernswerten Menschen, die das reparieren, was kaputt gegangen ist; das reinigen, was schmutzig ist; das aufheben, was auf dem Boden liegt und sich um das kümmern, was getan werden muss, bevor eine Situation kritisch wird. Meine Mutter hat immer zu mir gesagt: »Vorsorge ist besser als Nachsorge.« Das ist immer noch so.

34.

Seien Sie sich selbst treu

Die Natur hat uns einen verlässlichen Maßstab mitgegeben:
Wenn wir nicht mehr wir selbst sind, fühlen wir uns scheußlich.

Shakespeare konnte meisterhaft Ratschläge in Poesie verwandeln: »Dies vor allem anderen, Deinem eigenen Selbst sei treu. Und daraus folgt, so wie die Nacht dem Tage, Du kannst nicht falsch sein gegen irgendwen.«

Wenn Sie von allen Seiten mit Überzeugungen, Wertvorstellungen und Meinungen bombardiert werden, kann das Ausgraben Ihres »eigenen Selbst« Spitzhacke und Schaufel erfordern. Glücklicherweise hat uns die Natur einen verlässlichen Maßstab mitgegeben: Wenn wir nicht mehr wir selbst sind, fühlen wir uns scheußlich.

Vor einiger Zeit wurde ich gebeten, ehrenamtlich als Herausgeberin eines Newsletters für einen Berufsverband zu arbeiten. Ich lehnte ab und führte als Argument den Abgabetermin für dieses Buch an. Der Vorsitzende zeigte Verständnis und fragte mich, ob ich bis zur Fertigstellung des Buches bereit sei, lediglich namentlich als Herausgeberin zu fungieren. Ich hatte immer noch das Gefühl, das sei nicht richtig, konnte aber keine weitere Entschuldigung vorbringen und stimmte deshalb widerwillig zu. Ich glaubte, so immerhin eine sechsmonatige Gnadenfrist bekommen zu haben. (Aber warum hatte ich dann ein Gefühl, als ob ich gerade einen Anteil an einem Ferienhaus in Neu-Guinea erworben hätte, nur weil der Verkäufer gesagt hat: »Sechs Monate lang keine Zahlungen«?)

Innerhalb einer Woche erfuhr ich, dass man mich zu einem Abendessen am Freitagabend und einer Vorstandssitzung am Samstagnachmittag erwartete. Als ich mich nach dem Essen am Freitag am Tisch umsah, sah ich Frauen, die ich für ihre Arbeit bewunderte. Trotzdem war mir flau im Magen.

Im wahrsten Sinne des Wortes »aus dem Bauch heraus« wusste mein Körper noch vor meinem Gehirn, dass ich mir selbst nicht treu bleiben konnte, wenn ich diese Aufgabe übernahm. Einige Monate zuvor hatte ich nach zehn Jahren als allein erziehende Mutter wieder geheiratet. So hatte ich die Welt meiner Tochter, die sich im Teenageralter befand, neu geordnet und einen wunderbaren Mann sowie zeitweilig seine drei Kinder in mein Leben eingeladen. Ich musste meine körperlichen und emotionalen Reserven unter ihnen, einem großen Haus und einer anspruchsvollen doppelten Karriere als Autorin und Rednerin aufteilen. In eine neue Verpflichtung hineinzuspringen wäre, kurz gesagt, Wahnsinn gewesen.

Bei der Sitzung am nächsten Tag trat ich zurück, bevor ich offiziell gewählt worden war. Es war mir zwar sehr peinlich, einen Rückzieher zu machen, doch mein Magen war zufrieden und ich war es auch.

Es gibt allgemeingültige Regeln für alles, angefangen vom Gebrauch der Grammatik bis hin zum Spielen von Monopoly. Es gibt jedoch keine Regeln dafür, wie man sich selbst treu bleibt, denn nur Sie wissen, wie Sie das tun können. Und mit etwas Übung müssen Sie nicht bis fünf vor zwölf warten und sich zum Narren machen, so wie ich.

Was tun Sie in Ihrem Leben, von dem Sie ganz sicher wissen, dass es richtig für Sie ist? Ihre Antworten sind vielleicht nicht hochtrabend, und möglicherweise harmonieren sie auch nicht so miteinander, wie es die Stimmen in einem gut geführten Chor tun. »Designer-Kleidung kaufen« könnte auf Ihrer Liste neben »Obdachlosen etwas zu essen geben« stehen. Machen Sie sich darüber keine Sorgen. Es handelt sich hier aber auch nicht um einen Wettbewerb zur Erlangung eines Heiligenscheins. Es ist vielmehr ein Weg, auf dem Sie sich selbst besser kennenlernen können.

Nicht jede Tätigkeit, die Ihrem Selbst entspricht, muss eine unaufhörliche Quelle der Freude für Sie sein. Ihr Job kann langweilig und monoton sein und nicht genug Raum für Ihre Bildung oder Ihre größten Fähigkeiten lassen. Wenn Sie mit diesem Job aber Ihre Kinder ernähren können oder er Ihnen den nächsten Schritt auf Ihrem Lebensweg ermöglicht, dann sind Sie sich immer noch selbst treu, wenn Sie ein weiteres

Blatt Papier ablegen oder ein weiteres Bauteil auf eine Platine schweißen.

Ihr verzaubertes Leben ist sehr persönlich. Es wird daraus entstehen, dass Sie Ihren größten Sehnsüchten und Ihren heiligsten Verpflichtungen treu bleiben. Den Menschen, die nur den Erwartungen anderer gemäß leben, werden Sie selbstsüchtig, undankbar, unsozial und exzentrisch vorkommen. Von all denen, die sich ebenfalls selbst treu sind, haben Sie dagegen Empathie und Respekt zu erwarten.

35.

Verpassen Sie Ihrem Leben ein Update

Sie können ohne großen Aufwand Ihr persönliches Basispaket
aufrüsten und Ihrem Leben ein paar Extras gönnen.

Es ist erstaunlich, wie gut es eigentlich fast allen Menschen geht. Die meisten haben ein Haus, eine Arbeit und Menschen, von denen sie geliebt werden. Einige unserer Mitmenschen haben es sogar noch besser. Ihr Kuchenstück ist mit Zuckerguss verziert.

Die meisten von uns kommen mit ausreichender Intelligenz, gesundem Menschenverstand und anderen Ressourcen auf die Welt, um zurechtzukommen. Das ist wie das Basissoftwarepaket, das Sie bekommen, wenn Sie sich einen Computer kaufen. »Basis«-Paket bedeutet, dass die Software viele Dinge ausreichend, aber nur wenige optimal verrichten kann. Deswegen kaufen sich viele Menschen eine aufgerüstete Version.

Wenn es jedoch um unser Leben geht, dann denkt nur eine clevere Minderheit daran, ein »Upgrade« zu installieren. Diese Menschen weigern sich, ihre Existenz mit nur vier verschiedenen Schriften zu fristen.

Sie können ohne viel Geld und ohne größeren Zeitaufwand jeden Aspekt Ihres Lebens aufrüsten. Denn: Einzigartig ist besser als gewöhnlich. Handgemacht ist besser als Massenproduktion. Schön ist besser als hässlich. Bunt schlägt farblos.

Sie können mit Ihrem Upgrade beginnen, indem Sie im Alltag reizvolle Dinge verwenden, statt der gewohnten. Zum Beispiel:

Zahnpasta. Welche Art von Zahnpasta verwenden Sie? Ist es dieselbe, die schon Ihre Mutter für Sie gekauft hat? Denken Sie an das leichte Prickeln, das Sie jeden Morgen erleben können, wenn Sie mal eine andere Sorte ausprobieren. Bioläden haben eine große Vielfalt zur Verfügung: Orange und Erdbeere, Zimt und Myrrhe, Pflanzenzahnpasta aus Indien und homöopathische Zahnpasta. Jeder Tag, der mit importierter

Zahnpasta beginnt, bietet eine neue spannende Geschmacksreise.

Grußkarten. Für das gleiche Geld, das Sie für eine gewöhnliche Karte ausgeben, die gelesen und weggeworfen wird, könnten Sie ebenso gut ein kleines Kunstwerk kaufen, das die Empfängerin vielleicht liebevoll in einem Überseekoffer aufbewahrt, wo es ihre Ururenkel irgendwann finden können. Beschränken Sie sich nicht auf den Supermarkt – kaufen Sie Karten in Kunstmuseen, Fachbuchläden und Antiquitätengeschäften, und heben Sie sie für eine passende Gelegenheit auf. Wenn Sie eine verschicken, legen Sie eine Fotografie, ein Lesezeichen, ein besticktes Taschentuch oder ein Blatt mit Aufklebern dazu.

Gemüse. Wir verfallen schnell in die Mais-, Erbsen- und Eisbergsalatroutine. Machen Sie doch mal was anderes! Servieren Sie einen Salat aus knackigen, jungen Salatblättern (es gibt sie bereits küchenfertig zu kaufen). Kaufen Sie Süßkartoffeln anstelle von weißen Kartof-

feln, selbst wenn gerade nicht Erntedankfest ist (sie sind
weitaus nahrhafter und appetitlich orangefarben). Als
die Kinder meines Mannes nach unserer Hochzeit zum
ersten Mal zum Essen kamen, wusste ich, dass das
falsche Gemüse mich blitzschnell in die Kategorie der
bösen Stiefmutter verbannen könnte. Ich machte also
Artischocken und stellte eine Schüssel in die Mitte des
Tisches, in die man die Blätter werfen konnte. Artischocken sind eine Art von Gemüse, bei dem es erlaubt ist,
Essen wegzuwerfen.

Das alles sind nur kleine Dinge, aber das Leben ist eine
Ansammlung kleiner Dinge. Rüsten Sie irgendeinen
Aspekt Ihres Lebens gleich heute auf. Führen Sie weitere Extras morgen oder nächste Woche ein. Das brauchen wir einfach.

36.

Ehren Sie das Alltägliche

Eine Mahlzeit verzehren, einen Konflikt lösen, an einem Morgen im Januar das Eis von der Windschutzscheibe kratzen – all das kann zu einer spirituellen Übung werden.

Sich ein verzaubertes Leben zu erschaffen, ist ein spirituelles Unterfangen, weil die Motivation dafür aus dem tiefsten Teil unserer selbst stammt. Traditionellerweise war Religion wie Unterwäsche: Männer hatten das Geschäft unter Kontrolle, aber Frauen waren die Hauptkonsumentinnen. Dabei ist es nicht so, dass Frauen von Natur aus heiliger – oder bedürftiger – wären als Männer. Die weibliche Physiologie verband uns vielmehr mit den Rhythmen der Natur, und unsere historische Degradierung auf eine beschränkte Rolle im Heim und am Herd hat uns dazu gebracht, unsere Seelen aufzubauen, bevor wir Unternehmen aufbauen konnten.

Die Tatsache, dass wir jetzt auch in der Welt eine gewisse Rolle spielen, hat diese Neigung nicht verringert. Sie hat sie sogar noch verstärkt. Die »Hand einer Frau«, die früher lediglich Vorhänge an den Fenstern oder einen Blumenstrauß auf dem Tisch bedeutete, ist heute zum Garant für Menschlichkeit im Geschäftsleben, in der Politik und in religiösen Institutionen geworden.

Aber während wir Frauen gemeinsam die Kultur verändern, unterliegen wir als Einzelne der Gefahr, die Verbindung mit unserem inneren Reichtum zu verlieren. Die meisten von uns sind müde und überlastet und haben ihre Träume in der mittleren Schreibtischschublade neben den Gummibändern, dem Bankauszug vom letzten Monat und den Kopfschmerztabletten begraben. Viel zu viele Frauen leiden an einem chronischen Verlust der Fähigkeit zu staunen.

Einige gleichen das mit spirituellen Übungen wie Yoga aus, aber die, die einen geistigen Ausgleich am dringendsten brauchen, haben keine Zeit für ein solches Training. Die Alternative besteht darin, einfach den Alltag in eine spirituelle Übung zu verwandeln.

Eine Mahlzeit verzehren, einen Konflikt lösen, an einem Morgen im Januar das Eis von der Windschutzscheibe kratzen – all das kann zu einer spirituellen Übung werden. Und wenn Sie zusätzlich noch das Eis von der Windschutzscheibe Ihres Mannes kratzen, könnten Sie einen Blick aufs Nirwana erhaschen.

Diese Haltung, den Geschehnissen des Tages große Aufmerksamkeit zu schenken, nennen die Buddhisten *Achtsamkeit*. Wenn Sie selbst in hektischen Zeiten achtsam sind, wird jeder Tag zu einem Geschenk und jede Erfahrung zu einem Gebet.

Wenn Sie zu den Pragmatikerinnen gehören, ist das kein leichter Schritt. Erinnern Sie sich daran, dass, Ihr Leben als spirituelles Abenteuer zu sehen, zwar für Ihren Verstand ein neues Konzept sein mag, für Ihr ureigenstes Wesen als Frau jedoch eine uralte Wahrheit. In Ihren Zellen jedoch, von denen jede einzelne aus Atomen aufgebaut ist, die so alt sind wie die Erde selbst, ist die ewige Wahrheit gespeichert, die Frauen schon immer gekannt haben: Alles Leben ist heilig, endlos und miteinander verbunden.

Wenn Sie es den Ereignissen des Tages erlauben, spirituelle Bedeutung zu erlangen, werden Sie feststellen, wie die glücklichen Zufälle zunehmen. Sie werden feststellen, wie Sie neue Einsichten bekommen. Sie werden häufiger den Atem anhalten, wenn Sie ein Naturwunder erleben, wie einen herrlichen Sonnenuntergang oder Ihren schlafenden Hund. Sie werden sich häufiger im Hier und Jetzt zufrieden fühlen und mehr Vertrauen in die Zukunft haben.

37

Lassen Sie sich mal wieder bedienen

Um Balance in unserem Leben zu erlangen, sollten wir
anderen erlauben, uns jeden Tag ein bisschen zu bedienen.

Manchmal wollen Sie einfach, dass jemand anderes
für Sie tankt oder Ihre Haare wäscht oder Ihnen das
Abendessen serviert. Der Wunsch kommt nicht daher,
dass Sie faul oder unfähig wären. Er entsteht aus dem
ungeschriebenen Gesetz des Ausgleichs: Sie bedienen
ständig andere Menschen. Wenn Sie dafür nicht auch
mal von jemandem bedient werden, dann ist das
Gleichgewicht verloren gegangen.

Gleichgewicht ist nicht nur für ein verzaubertes Leben unerlässlich, sondern für das Leben an sich. Die
Naturwissenschaftler nennen das *Homöostase*. Wenn das
Gleichgewicht in der Natur durcheinandergeraten ist,
hat das Umweltschäden zur Folge. Wenn das Gleichge-

wicht im Körper gestört ist, ist Krankheit die Konse-
quenz. Wenn das Gleichgewicht in unserem Leben ge-
kippt ist, dann fühlen wir uns unwohl oder werden sogar verbittert.

Früher glaubte man – zumindest eine Hälfte der
Menschheit –, dass Frauen ausreichende Befriedigung
daraus beziehen würden, anderen zu dienen. Gegen
Ende des 20. Jahrhunderts schlug das Pendel dann in
die andere Richtung aus: Wir haben versucht, überall
Karriere zu machen, sodass wir unsere Leistungen über
Liebe, Freundschaft und Familie gestellt haben. Jedes
Extrem gab uns ein Stück Erfüllung, jedoch immer von
dem quälenden Gedanken begleitet, dass wir etwas
Wichtiges verpasst hätten. Das haben wir auch.

Heutzutage versuchen die meisten Frauen, es jedem
recht zu machen. Wir haben die legendären 110 Prozent unseren Familien, unseren Jobs und (so denken wir
zumindest gerne) uns selbst gegeben. Unsere Motive
sind einwandfrei und der Geist willig, aber das Fleisch
ist schwach. Da auch wir Frauen den Gesetzen der Physik und der Physiologie unterliegen, haben wir keine

110 Prozent zu geben, geschweige denn 330. Um Balance in unserem Leben zu erlangen – das zu geben, was wir geben können, und das zu behalten, was wir selbst brauchen –, sollten wir anderen erlauben, uns jeden Tag ein bisschen zu bedienen.

Bei einem Schriftstellerinnentreffen zog Deborah die Aufmerksamkeit aller Anwesenden auf sich, als sie erklärte, was ihre Beziehung zu Ron, ihrem Partner, so aufregend gemacht hat. Wir alle rückten näher, um ja nichts zu verpassen. »Letzte Woche hat Ron meine Wäsche gewaschen.« (Es war ein kollektiver tiefer Atemzug hörbar.) »Und er hat sie gefaltet.« (Seufzer) »Das hat noch nie zuvor ein Mann für mich getan.«

Auf jener Terrasse saßen zwölf patente Frauen zwischen 30 und 50. Jede von ihnen ist erfolgreich als freiberufliche Schriftstellerin tätig. Wir alle sind verheiratet oder waren es. Wir alle sind weit gereist, gebildet und kultiviert. Aber als uns Deborah erzählte, dass ihr Zukünftiger tatsächlich ihre Wäsche *gefaltet* hätte, entwickelte sich unsere Sprache zu dem unzusammenhängenden Gestammel vernarrter Teenager zurück. Warum? Wir hatten es uns nie erlaubt, uns richtig bedienen zu lassen.

Sich bedienen zu lassen ist in einer Zeit, wo überall Selbstbedienung gilt, keine leichte Angelegenheit. Doch das Angebot an Service-Leistungen wächst langsam auch hierzulande.

Wenn Sie es zum Beispiel hassen, Ablage zu machen und Dinge zu ordnen, gibt es Menschen, die so etwas für einen vernünftigen Preis für Sie erledigen. Hätten Sie gerne eine Putzfrau? Geben Sie eine Annonce in der Zeitung auf. Wenn Sie sich verwöhnen lassen möchten, gönnen Sie sich an einem freien Tag den Luxus einer Schönheitsfarm – Gesichtsbehandlung, Maniküre, Pediküre, Algenpackung, Make-up und was sonst dazugehört. Wenn das für Sie unerschwinglich ist, gönnen Sie sich für einen Spottpreis eine vergleichbar luxuriöse Erfahrung in einer Kosmetikschule.

Nur Sie wissen, wie Sie gern bedient werden möchten. Ich persönlich tanke gerne in Murphy's Tankstelle, weil es dort keine Selbstbedienung gibt, sie die Fenster putzen und das Öl und den Reifendruck prüfen.

Ich bin auch ein großer Massagefan. Jede Woche eine Massage zu buchen würde mehr Geld kosten, als ich bereit bin, dafür auszugeben, aber alle drei Wochen kann ich mir eine leisten, und ich habe gelesen, dass das Immunsystem von einer guten Massage 21 Tage lang profitiert.

Ich gehe auch jedes Jahr in ein elegantes Bekleidungsgeschäft, wenn die Zeit für meinen Hauptkostümeinkauf gekommen ist. Es spielt keine Rolle, dass ich sonst auch in Schnäppchenläden einkaufe. Einmal im Jahre leiste ich mir den Luxus, in einem eleganten Wohnzimmer hinter einer vorgetäuschten Tür zu sitzen, teures Wasser aus nachtblauen Stielgläsern zu trinken und mir meinen Reißverschluss von jemand anderem schließen zu lassen.

Sich ab und zu bedienen zu lassen, gibt Ihnen einen enormen Energieschub, sowohl in körperlicher als auch in geistiger Hinsicht. Also nur keine Hemmungen – Sie geben so viel, jetzt ist es an der Zeit, auch mal ohne Reue zu nehmen.

38.

Buddeln Sie in der Erde

*Selbst wenn sich Ihre gärtnerische Tätigkeit
nur auf einen Kasten am Fenster beschränkt, kann sie
die Kanten eines rauen Tages glätten.*

Nicht jeder, der ein verzaubertes Leben führt, ist Gärtner, aber es sind genügend, um einen Moment über den Nutzen von Gartenarbeit nachzudenken. Sich um Sträucher und Bäume, um Blumen und Gemüse zu kümmern, ist eine »Omega-Erfahrung«: Eine Aktivität, die sich in jenem Bereich vollzieht, in dem sich Geist und Materie treffen. In der Erde herumzuwühlen, Unkraut zu zupfen und den Boden mit Mist zu düngen, sind ziemlich irdische Dinge. Und dennoch durchströmt uns dabei etwas von der unbändigen Lebenskraft, die eine Pflanze ihren Weg durch das Erdreich nach oben finden lässt.

Um sich ein reiches, befriedigendes Leben zu erschaffen, obwohl ein großer Teil Ihrer Zeit bereits verplant ist, sollten Sie sich auf Unternehmungen konzentrieren, die Ihnen besonders viel bringen. Wenn Ihnen Gartenarbeit zusagt, dann ist sie eine solche Aktivität. Selbst wenn sich Ihre gärtnerische Tätigkeit nur auf einen Kasten am Fenster oder auf den Balkon Ihres Appartements beschränkt, kann sie die Kanten eines rauen Tages glätten. Zu gärtnern bedeutet wertvolle Zeit allein zu verbringen, vertieft in eine meditative Arbeit, die Ihnen ein tiefes Gefühl von Frieden gibt. Es verschafft Ihnen Bewegung, frische Luft und Sonne.

Wenn Sie Kinder haben, die gerne mithelfen – kleine Kinder tun das fast immer gerne –, kann Gartenarbeit unbeschwerte gemeinsame Zeit sein. Sie gibt Kindern eine engere Bindung zur Natur als jedes Buch oder jede Fernsehsendung und fördert nachhaltig ihre Selbstständigkeit.

Mit Ihrem Partner im Garten zu arbeiten kann auch eine verbindende Erfahrung sein. Es war mein Mann, ein weitaus besserer Kenner von Torfmoos und Kompost als ich, der die folgenden »Acht Schritte für einen spirituellen Aufenthalt in der Natur« entwickelt hat:

1. Ihr Garten sollte Ihre Persönlichkeit und die Ihrer Familie widerspiegeln. Wenn er Ihnen ein Gefühl von Ruhe und Besinnung, von Sicherheit und Wohlergehen vermittelt, dann ist Ihr Garten ein Ausdruck Ihrer selbst.

2. Gestalten Sie Ihren Garten pflegeleicht. Bevorzugen Sie einfache Strukturen. Wählen Sie mehrjährige Pflanzen und solche, die nur geringer Pflege bedürfen. Übertragen Sie Ihren Workaholic-Lebensstil nicht auf Ihren Garten.

3. Nutzen Sie das, was Sie vorfinden. Ein Steinhaufen kann zu einem Steingarten werden, eine alte Wäscheleine zu einem Spalier für eine Kletterrose.

4. Sorgen Sie dafür, dass Ihr Garten nicht so aussieht wie der Ihrer Nachbarn, indem Sie persönliche Dinge hinzufügen. Lassen Sie Ihrer Fantasie freien Lauf, um Ihren Garten zu Ihrem ganz persönlichen Refugium zu machen.

5. Lernen Sie die Bedürfnisse von Pflanzen in Bezug auf Boden, Sonnenlicht und Nährstoffe kennen. Es ist keine gute Gärtnerarbeit, etwas zu pflanzen, das zum Sterben oder Dahinvegetieren verurteilt ist, weil es zu wenig Sonne bekommt.

6. Schaffen Sie eine Brücke zwischen Ihrem Garten und Ihrem Heim. Ziehen Sie Kräuter in der Nähe der Küchentür oder in Töpfen auf einem sonnigen Fensterbrett. Dekorieren Sie Ihr Haus und Ihr Büro mit Blumen aus dem eigenen Garten.

7. Respektieren Sie bei Ihrer Gartengestaltung immer die Natur. Ihr Garten sollte einladend für Vögel und Kleintiere sein, und vermeiden Sie Gartenprodukte, die diesen Tieren schaden. Stellen Sie ein Vogelbad auf, und lassen Sie im Herbst einen Haufen Laub für die Igel liegen.

8. Verwenden Sie zugunsten aller Lebewesen natürliche Gartenprodukte, wo immer Sie können. Sie können Ihren Garten schützen, ohne seine – und Ihre – Umgebung zu gefährden.

39.

Stellen Sie das Rauschen ab

Auch wenn wir von den elektronischen Errungenschaften des modernen Lebens abhängig sind, brauchen wir von Zeit zu Zeit eine akustische Auszeit. Verwöhnen Sie Ohren und Seele mit einer verzauberten Umgebung, die frei von störenden Geräuschen ist.

Der Kühlschrank surrt, die Geschirrspülmaschine rauscht, der Computer summt, das Videospiel piepst und die Wäscheschleuder tobt. Viele von uns erleben nur selten Tage, an denen wir unverfälschte Stille hören oder zumindest die reinen Klänge der Natur ohne ein elektronisches Echo.

Ein großer Teil unserer Gereiztheit lässt sich auf die Angriffe zurückführen, denen unser Gehör ständig ausgesetzt ist. Es ist erwiesen, dass verschiedene Arten von Musik, ebenso wie natürliche Klänge wie fließendes

Wasser oder knisterndes Feuer, Menschen beruhigen. Umgekehrt können Geräusche wie die berühmte Kreide auf einer Schiefertafel ihnen Gänsehaut verursachen.

Wissenschaftler haben herausgefunden, dass Frauen sensibler auf Geräusche reagieren als Männer. Wahrscheinlich liegt das daran, dass Mütter im Laufe der Jahrtausende gelernt haben, auf die Laute ihrer Babys zu horchen. Diese erhöhte Sensibilität kann nützlich sein, aber in einer Zeit, in der so viele Geräusche künstlich und lästig sind, ist sie eine Qual.

Auch wenn wir von den elektronischen Errungenschaften des modernen Lebens abhängig sind, brauchen wir von Zeit zu Zeit eine akustische Auszeit. Verwöhnen Sie Ohren und Seele mit einer verzauberten Umgebung, die frei von störenden Geräuschen ist:

↔ Schalten Sie Geräte aus, die Sie nicht benutzen.

↔ Suchen Sie nach leiseren Alternativen für laute Geräte. Stellen Sie beim Einkaufen Vergleiche in Bezug auf den Lärmpegel an, wenn Sie sich Haushaltsgeräte oder Geräte fürs Büro anschaffen.

❧ Ziehen Sie den Stecker raus! Müssen Ihr Dosenöffner oder Ihre Zitruspresse wirklich automatisch sein? Es gibt auch praktische handbetriebene Versionen vieler Elektrogeräte.

❧ Bei kurzen Wegen gehen Sie zu Fuß oder nehmen Sie das Fahrrad.

❧ Setzen Sie sich in einen Park und hören Sie den Vögeln zu.

❧ Reparieren Sie tropfende Wasserhähne, quietschende Türen und andere Lärmverursacher.

❧ Suchen Sie ein Restaurant aus, in dem Ihnen nicht die Top Ten mit dem Mittagessen serviert werden.

❧ Schauen Sie Fernsehen, wenn Sie möchten, aber verwenden Sie es nicht als Hintergrund für Ihr Leben. Lassen Sie nie einen Fernseher einen leeren Raum unterhalten.

❧ Gönnen Sie Ihren Ohren Ihre Lieblingsmusik, wenn möglich live. Spielen Sie Klavier, gehen Sie in ein

Kammerkonzert, schauen Sie sich ein Musical an oder machen Sie Hausmusik mit Freunden.

❧ Leisten Sie sich einen Tisch-Springbrunnen. Sie können dann ganz nach Belieben einen plätschernden Bach in Ihrem Wohnzimmer hören.

40.

Fühlen Sie sich zu Hause

*Wir sprechen hier über Ihr Heim: Einen Ort,
der so heilig, so privat und so persönlich ist, dass Sie
einen Schlüssel brauchen, um hineinzukommen.*

Das Haus war früher der Ort, an dem eine Frau in der ihr zugewiesenen Rolle gefangen war. Die Reaktion darauf war später die völlige Abwendung von Heim und Herd zugunsten von Stechuhr und Gehaltsscheck. Heute ist *Gleichgewicht* das Gebot der Stunde, aber für die meisten von uns ist dieses Gleichgewicht schwierig.

Durch Vorträge im Zusammenhang mit meinem Buch *Shelter for the Spirit* habe ich mit Hunderten von Frauen über ihre inneren Kämpfe mit dem häuslichen Leben gesprochen. Diejenigen, die einen Ganztagsjob haben, fühlen sich häufig überfordert, und wenn sie Kinder haben, haben sie noch dazu ein schlechtes Gewissen. Diejenigen, die nicht arbeiten gehen, sind häufig in der Defensive, so, als ob sie die Welt davon überzeugen müssten, dass Kinder großzuziehen eine gleichwertige Arbeit ist.

Keine der Frauen, mit denen ich gesprochen habe, wusste, wie sie sich in das Ideal der Medien verwandeln soll: Königin eines Firmenimperiums, aber trotzdem in der Lage, Zeit zu finden, um Sauerteig anzusetzen, sich um Petunien zu kümmern und fantastische Tischdekorationen aus nichts weiter als getrockneten Unkräutern und Klebstoff zu zaubern. Das liegt nicht etwa an einem Mangel an Erfindungsreichtum; es ist vielmehr so, dass unser Leben nach den Vorgaben der Medien gestalten zu wollen in etwa so realistisch ist, wie unseren Körper auf Barbie-Proportionen zu trimmen.

Dennoch hat jede Frau mit einem verzauberten Leben ein Gleichgewicht zwischen ihrem Leben zu Hause und ihrem Beitrag zur Welt gefunden. Es ist entscheidend, sich daran zu erinnern, dass das Wort *Heim* mehr bedeutet als *Haus* oder *Wohnung*. Das Heim ist ein Ort, um sich auszuruhen und Körper und Seele zu regenerieren. Wie die Ausgangsbase im Baseball, so ist das Heim der Ort, wo Sie aufhören können zu rennen.

Für allzu viele Menschen ist nach Hause kommen wie bei einem zweiten Job ankommen. Mit all den lästigen Pflichten, die zu erledigen, Rechnungen, die zu bezahlen, Post und E-Mails, die zu beantworten sind, kann das Heim mehr wie ein Boxenstopp erscheinen als wie ein Zufluchtsort. Ein verzaubertes Leben zu führen ist eine Kunst, und Ihr Heim ist Ihr Atelier. Bringen Sie etwas Glück – oder zumindest ein großes Maß an Ruhe – in Ihr Heim und Ihr Leben, indem Sie sich Folgendes bewusst machen:

- *Ihr Heim besteht zu einem Prozent aus Möbeln und Wänden und zu 99 Prozent aus lebendigen Wesen.* Das Heim sind Sie, die Menschen, mit denen Sie zusammenleben, Ihre Haustiere und Ihre Pflanzen. Die Zufriedenheit der Lebewesen in einem Haus oder Apartment ist das Allerwichtigste.

- *Ihr Heim muss Sie selbst widerspiegeln und nicht Ihren Innenarchitekten oder eine Design-Zeitschrift.* Fragen Sie sich:

»Sieht mein Heim wie ich aus?« oder, wenn Sie eine Familie haben: »Sieht unser Heim wie wir aus?«

Das Heim ist der Ort, wo Sie ganz Sie selbst sein können, ohne jegliche Verstellung. Es ist der Ort, wo Sie am intensivsten fühlen und am produktivsten wachsen. Scheinbar undankbare Pflichten zur Erhaltung Ihres Heims können überraschende Übungen in Bescheidenheit, Geduld und Akzeptanz sein.

Das Gleichgewicht zwischen Heim und Familie, Familie und Freunden, inneren Bestrebungen und äußeren Unternehmungen ist etwas sehr Persönliches. Es gibt viele selbst ernannte Experten, die den Rest von uns gern belehren würden, aber nur Sie wissen, was Sie brauchen, um sich ausgeglichen, begeisterungsfähig und zufrieden zu fühlen.

Wir hören viele widersprüchliche Botschaften darüber, wie wir wohnen und uns einrichten sollen. Aber wir sprechen hier über Ihr Heim: Einen Ort, der so heilig, so privat und so persönlich ist, dass Sie einen Schlüssel brauchen, um hineinzukommen.

Hören Sie auf sich selbst. Vertrauen Sie sich selbst. Tun Sie alles, damit der Ort, an dem Sie leben, Ihrer Seele, Ihrer Familie und Ihren Träumen dient.

41.

Schließen Sie Waffenstillstand mit der Uhr

Sie haben eine Bestimmung auf diesem Planeten zu erfüllen.
Vielleicht ist oft nicht die Zeit, um zugleich ein sauberes Haus,
ein sauberes Auto und saubere Haare zu haben,
aber es ist immer Zeit, das zu tun, weswegen Sie hier sind –
und noch ein bisschen Sightseeing zu machen.

Als ich in der achten Klasse war, nahm Joy Baer an meinem Sportunterricht teil. Sie schleppte eine Bibel mit sich herum und trug immer Röcke, die ihre Knie bedeckten. Ich fand ihre Tugendlamm-Nummer ziemlich übertrieben. Aber Joy Baer hatte auch etwas Faszinierendes: Sie war das einzige Mädchen im Sportunterricht, das sich nie beim Umziehen für die nächste Stunde beeilte. »Der Herr hat die Sonne für Josua angehalten«, sagte sie mir einmal. »Ich denke, er wird die Glocke auch für mich anhalten.«

Ich kann nicht behaupten, dass Gott der Allmächtige je das Läuten der Schulglocke in der Westport Junior High School beeinflusst hätte, aber Joy machte sich nie Sorgen darüber, zu spät zu kommen, und sie tat es auch nicht. Irgendwie wusste sie, dass genug Zeit war, auch wenn sie genau wie alle anderen Mädchen nicht mehr als fünf Minuten zwischen den Schulstunden zur Verfügung hatte. Seither habe ich die Erfahrung gemacht, dass Joy Recht hatte. Es *ist* genug Zeit da, und wenn Sie in diesem Bewusstsein handeln, dehnt sich die Zeit aus – nicht nur für Joy und Josua, sondern für jeden.

Unsere Beziehung zur Zeit ist subjektiv. Wir sagen »Die Zeit ist verflogen« oder »Die Zeit stand still«. Abgesehen davon, dass wir ihr Füße und Flügel verleihen, geben wir der Zeit auch noch immense Macht. Sie schüchtert uns ein, weil wir begreifen, dass sie die harte Währung eines Menschenlebens ist, und niemand weiß, wie man mehr davon bekommen kann. Joy Baer jedoch hat ihre Sache ziemlich gut gemacht, und sie war erst dreizehn. Wie Joy können auch Sie die Zeit dehnen:

Beschließen Sie, Zeit für das zu haben, was Ihnen wichtig ist. Das bedeutet auch Ruhe, Freizeit und Zeit zum Nichts- tun. Sobald Sie einmal diese Entscheidung getroffen haben, werden Sie Ihre Tage anders planen. Sie wer- den Nein zum Unwesentlichen sagen. Sie werden es einem langatmigen Fremden, Kollegen oder Verkäufer nicht mehr erlauben, Ihnen Zeit zu stehlen.

Tun Sie das Wichtige zuerst. Egal, ob es nun darum geht, an Ihrem Roman zu schreiben oder Ihre Kinder in den Park mitzunehmen, tun Sie das, was Ihnen am Herzen liegt, zuerst – selbst wenn es das Geschirr in der Spüle oder die Nachrichten auf dem Anrufbeantworter sind. Wenn Sie sich auch nur eine halbe Stunde Zeit neh- men, um das zu tun, was Sie unbedingt wollen, wird sich Ihre Zeit anfühlen wie eine Hose mit Gummizug – geräumig und entgegenkommend. Irgendwie werden Sie es noch schaffen, aufzuräumen, aber ohne Ihrem Roman höchste Priorität einzuräumen, hätten Sie nie Zeit für ihn gefunden.

Lernen Sie, freie Zeit zu genießen. Einige Menschen geraten in Panik, wenn nicht jede Minute verplant und ausgefüllt ist. Selbst zu früh zu einem Kinofilm zu kommen, macht sie nervös. Der Grund dafür ist, dass wir, wenn wir uns Leerlauf erlauben, mit uns selbst und unseren Gedanken allein sind. Wenn Sie aufhören, jede Sekunde mit Aktivitäten vollzustopfen, wird Ihnen bewusst werden, dass eigentlich mehr Zeit vorhanden ist, als Sie gedacht hatten. Nutzen Sie einige davon, um sich hinzusetzen, zu atmen und zu sammeln.

Trauen Sie sich, weniger zu tun. Eine Mentorin hat mal zu mir gesagt: »Hör auf, so verdammt viel zu tun, um dich wichtig zu fühlen.« Ach du meine Güte! Aber sie hatte Recht: Ich hatte mich selbst auf eine unsichtbare Tretmühle gestellt, um meinen Wert zu beweisen. Doch niemand von uns muss seine Existenz rechtfertigen. Überlegen Sie, was Ihre Zeit auffrisst, und verringern Sie es, werden Sie es los oder delegieren Sie es. Sind Sie süchtig nach Aktionismus, weil wirkliche Arbeit Ihnen Angst macht? Hängen Sie zu viel am Telefon? Hält Sie

Ihr Perfektionismus zu Hause oder im Büro ständig auf Trab? Trauen Sie sich, weniger zu tun, und sehen Sie, was mit Ihrer Beziehung zu Zeit passiert.

Hören Sie auf, zu sagen »Der Tag hat nicht genügend Stunden« *oder »Ich habe für nichts mehr Zeit!«.* Mit solchen Aussagen fischen wir nämlich bloß nach Komplimenten oder Anerkennung. Vielleicht bekommen Sie sie auch, aber das hat seinen Preis. Ihr Unterbewusstsein nimmt Sätze wie diese auf und arbeitet daran, Ihre Worte Realität werden zu lassen. Wenn Sie über Zeit reden wollen, dann zitieren Sie lieber den Physiker Erwin Schroedinger: »Die Gegenwart ist das Einzige, was kein Ende hat.«

Benutzen Sie Uhren mit Zeigern. Der Zukunftsforscher Jeremy Rifkin hat gesagt, dass die weite Verbreitung von digitalen Wand- und Armbanduhren uns von der Zeit als Kontinuum trennt. Wir sehen, dass es 10:17 ist. Was kann um 10:17 erreicht werden? Praktisch nichts. Aber den Minutenzeiger zwischen der drei und der vier stehen zu sehen, vermittelt einem das Bild von Zeit als einer Kreisbewegung. Die Arbeit, die Sie in der Vergangenheit geleistet haben, erschafft Ihr Leben in der Gegenwart. Sie können die Zeit sehen.

Erinnern Sie sich daran, warum Sie hier sind. Wenn Sie daran glauben, dass Sie hier sind, um Gottes Willen zu tun, wissen Sie, dass Gott Ihnen genug Zeit dafür geben wird. Auch wenn Sie nicht religiös sind, haben Sie eine Aufgabe oder eine Berufung auf diesem Planeten zu erfüllen. Vielleicht ist oft nicht die Zeit, um zugleich ein sauberes Haus, ein sauberes Auto und saubere Haare zu haben, aber es ist immer Zeit, das zu tun, weswegen Sie hier sind – und noch ein bisschen Sightseeing zu machen.

42.

Suchen Sie sich Glücks-Quickies

Glücks-Quickies helfen Ihnen immer und überall, Ihre Sorgen zu vergessen, neue Kraft zu sammeln und wieder durchzustarten.

Wir alle kennen Zeiten, in denen das Glück oder der Erfolg, hinter dem wir her sind, jetzt sofort kommen muss. Jetzt brauchen Sie »Glücks-Quickies«, also Handlungen, die Sie jederzeit parat haben. Sie sind Fastfood für ein verzaubertes Leben, und sie sind nahrhafter, als sie aussehen. Glücks-Quickies helfen Ihnen immer und überall, Ihre Sorgen zu vergessen, neue Kraft zu sammeln und wieder durchzustarten. Probieren Sie ein paar der folgenden Glücks-Quickies aus, und ergänzen Sie eigene Vorschläge:

↠ *Erleben Sie eine kindliche Freude.* Springen Sie in einen Haufen raschelnder Herbstblätter. Tanzen Sie Swing im Park. Lutschen Sie eine Zuckerstange. Machen Sie Seifenblasen.

↠ *Geben Sie zu, wenn Sie etwas falsch gemacht haben.* Es erfordert viel Energie, einen Fehler zu verdrängen oder zu vertuschen und dann ein schlechtes Gewissen mit sich rumzutragen. Wenn Sie dagegen zugeben, dass Sie etwas falsch gemacht haben, sind Sie mit der Welt im Reinen.

↠ *Machen Sie ein ehrliches Kompliment.* Sagen Sie gerade den Menschen etwas Nettes, mit denen Sie nicht gut zurechtkommen. Finden Sie etwas Positives an diesen Personen und teilen Sie es ihnen mit.

↠ *Sehen Sie sich Ihre Bildershow an.* Es geht hier nicht darum, ins Kino zu gehen – sondern darum, sich eine kurze »Bildershow« aus Fotos oder Zeichnungen zuzulegen, die Ihnen positive Emotionen vermitteln. Das kann ein Packen von Familienfotos sein, den Sie in Ihrer Schreibtischschublade aufbewahren; es können Postkarten von Orten sein, an denen Sie gewesen sind oder die Sie gern besuchen würden, oder

Naturaufnahmen, die für Sie Frieden und Heiterkeit ausstrahlen.

❧ *Vollenden Sie eine Aufgabe.* Suchen Sie sich irgendeine lästige kleine Pflicht aus, die Sie schon länger aufgeschoben haben, zum Beispiel einen Dankesbrief schreiben oder einen Knopf annähen. Beginnen und beenden Sie sie. Das Gefühl, etwas erledigt zu haben, wird viel größer sein als die Mühe, die es gemacht hat.

❧ *Lächeln Sie.* Auch wenn Ihnen nicht danach zumute ist, kann Lächeln Ihre Wut und Frustration verringern. Ihr Verstand glaubt Ihrem Gesicht, dass Sie glücklich sind.

❧ *Beten Sie.* Es ist nicht schwer, ein Kurzgebet gen Himmel zu schicken, wenn Sie glauben, dass jemand zuhört. Machen Sie Ihrem Herzen mit einem »Hilfe!«, »Danke«, »Gib mir hierzu eine Einsicht« Luft.

❧ *Dehnen Sie sich.* Hatha-Yoga wurde als Vorbereitung für die Meditation entwickelt. Die langsamen, dehnenden Bewegungen sind aber auch für sich genommen eine Meditation. Wir stehen an Schultern, Rücken und Hüften unter Spannung. Nehmen Sie sich eine Minute Zeit, um durch gezieltes Dehnen und Beugen diese Anspannung zu lockern.

❧ *Schwitzen Sie.* Forscher haben Yogis, Lamas und andere weise Männer in Indien beobachtet, um herauszufinden, ob sie etwas Gemeinsames haben. Das Ergebnis war: Alle heiligen Männer schwitzen mindestens zehn Minuten am Tag. Dieses Quäntchen physische Anstrengung sorgt für mehr Energie und weniger Sorgen, egal, ob Sie nun in Indien oder in Bayern leben.

❧ *Lassen Sie sich inspirieren.* Legen Sie inspirierende kleine Bücher neben Ihr Bett, in die Küche, ins Badezimmer, ins Büro. Greifen Sie danach, wann immer Ihnen der Sinn nach Ablenkung, Entspannung, Spaß oder neuen Ideen steht.

❧ *Genießen Sie ein Zwei-Minuten-Konzert.* Es gibt eine Art von Musik, die für Sie jetzt im Moment unglaublich viel bewirken kann. Ob es nun Blues oder Jazz ist, Klassik oder Rock – Musik spricht zu Ihrer Seele. Sie müssen sich dafür nicht den ganzen Nachmittag lang mit Kopfhörern zurückziehen, denn schon ein Lied reicht aus.

❧ *Berühren Sie die Erde.* Gehen Sie barfuß. Topfen Sie eine Zimmerpflanze um oder gießen Sie zumindest eine. Bewahren Sie eine kleine Schale mit farbigen Steinen auf Ihrem Schreibtisch auf und halten sie einen Stein eine Zeit lang in der Hand. Stellen Sie sich vor, wie Sie mit der Erde verwurzelt sind und nach dem Himmel greifen.

43.

Seien Sie eine »Dame«

Gute Manieren, Liebenswürdigkeit und
Weiblichkeit sind nie »out«.

Kürzlich las ich einen Zeitungsartikel über einen Lo-
kalpolitiker, der sich öffentlich bei den Frauen eines
Ausschusses, dessen Vorsitzender er war, dafür ent-
schuldigte, dass er sie als »Damen« bezeichnet hatte.
Die Bezeichnung war nach Ansicht der Frauen sehr
diskriminierend.

Ich habe schon häufiger den Verdacht gehabt, dass
ich im falschen Jahrhundert lebe, aber dieser Artikel
hat es bestätigt. Für mich ist die Anrede »Dame« ein
Kompliment – und kein prä-feministischer Atavismus.
Denken Sie an zwei der Frauen, die in unserer Ge-
neration am meisten bewundert werden: Mutter Tere-
sa, die immer wieder als »große Dame« bezeichnet

wurde, und die Prinzessin von Wales, geborene *Lady* Diana.

Ich definiere »Dame« als eine Frau voller Substanz, Kultiviertheit und Selbstsicherheit – alles Qualitäten, die ein verzaubertes Leben anziehen. Wenn dieser Begriff für Sie negative Konnotationen hat, liegt das vielleicht daran, dass man Ihnen als Kind ständig befohlen hat, Sie sollten sich »wie eine Dame benehmen« und damit eigentlich gemeint hat: »Sitz still, sei ruhig und rede nur, wenn du gefragt wirst.« In Wirklichkeit steht auch eine Dame auf, sagt, was sie zu sagen hat und denkt selbstständig; sie tut es allerdings auf eine Art, die anderen Menschen das Gefühl gibt, etwas wert zu sein.

Vor einiger Zeit ging ich auf die Beerdigung eines meiner früheren Arbeitgeber, und wie Hunderte von anderen, die ihn kannten, schickte ich einen Kondolenzbrief an seine Familie. Eine Woche später erhielt ich mit der Post einen kurzen Brief von seiner Witwe und von seiner Tochter, in denen sie mir für meine Karte und für meine Teilnahme am Beerdigungsgottesdienst dankten. Ich war sprachlos. Niemand erwartet einen Dankesbrief auf eine Beileidskarte. Dass Mutter und Tochter dennoch eine schickten, erinnerte mich daran, was es bedeutet, eine Dame zu sein, und wie glücklich ich sein kann, einige zu kennen.

Eine Dame zu sein, erfordert keine große Erbschaft oder ein Leben voller Muße. Sie müssen sich nicht wie eine Debütantin herzeigen, sondern vielmehr zeigen, was in Ihnen steckt. Dann können Sie sich selbst und andere achten und in jeder Situation respektvoll, höflich und freundlich handeln. Gute Manieren, Liebenswürdigkeit und Weiblichkeit sind nie »out«.

Eine höfliche, würdevolle Dame zu sein, erfordert nicht mehr Zeit oder Energie als ein schroffer, ungehaltener Murrkopf zu sein. Glauben Sie mir: In jeder Frau steckt eine Dame. Sie müssen nicht erst lernen, eine zu sein, sondern es sich lediglich erlauben, die Dame in Ihnen zum Vorschein zu bringen.

Sie werden als Dame nicht unbedingt andere Dinge tun, sondern sie anders tun. Sie werden sich ein wenig mehr Mühe geben. Sie werden ein wenig früher planen. Sie werden sich daran erinnern, dass die Person, die Ihnen gegenübersteht – sei es nun der Firmenchef, der Schnorrer an der Ecke oder Ihr eigenes Spiegelbild –, eine göttliche Idee in menschlichem Gewand ist.

Betrachten Sie sich selbst als Dame, bevor Sie ans Telefon gehen, und hören Sie, wie Sie klingen. Sehen Sie sich als Dame an den Tagen, an denen Ihre Chefin sich selbst nicht als solche sieht. Sie werden erstaunt sein, wie anders Sie reagieren.

Und gönnen Sie sich ab und zu einmal etwas, was meine Freundin Suzanne eine »Ladypause« nennt. Selbst wenn Sie auf dem Bau arbeiten und fünf Söhne großziehen, macht ein Nachmittagstee im besten Hotel der Stadt Ihr Wochenende perfekt. Beim letzten Mal, als Suzanne und ich uns für Mini-Scones, reife Himbeeren und Jasmintee in hauchdünnen Porzellantassen davonschlichen, trug ich sogar einen Hut. Und es war nicht einmal Winter.

44.

Bauen Sie seelisches Kapital auf

Egal, wie eine Erfahrung von außen aussieht,
in ihrem Inneren steckt immer ein goldener Kern.

Alles um uns herum hat verschiedene Werte. Das Haus, in dem Sie leben, hat zum Beispiel einen bestimmten Schätzwert, aber der Wiederbeschaffungswert, den Ihnen Ihre Versicherungsgesellschaft zahlen würde, ist höher. Und wenn zwei Ihrer Kinder dort geboren wurden, Sie und Ihr Mann eigenhändig das Dach ausgebaut haben und Ihre älteste Tochter im letzten Frühjahr dort geheiratet hat, dann ist sein ideeller Wert für Sie unermesslich.

Genauso wie ein Grundstücksmakler, ein Versicherungssachverständiger und der Besitzer einem Haus einen unterschiedlichen Wert zuschreiben, können unser Verstand und unsere Seele unseren täglichen Aktivitäten einen unterschiedlichen Wert zuschreiben. Es stellt eine Versuchung für den Verstand dar, uns wegen der langweiligen, schwierigen und unangenehmen Aspekte unseres Alltags vorzumachen, dass das Leben im Wesentlichen langweilig, schwierig und unangenehm sei.

Die Seele – unsere belebende, motivierende innere Essenz – dagegen kann Probleme und Langeweile zu ihrem Nutzen verwenden. Sie profitiert von den Dingen, die den Verstand stören: Einen längeren Verkehrsstau oder eine endlose Sitzung auszuhalten, keine Zeit für uns selbst zu haben oder zu viele Samstagabende alleine zu verbringen. Diese Dinge zu durchleben und aus ihnen zu lernen baut Seelenkapital auf, das mehr wert ist als alles Geld auf der Bank.

Wenn Sie davon überzeugt sind, dass Sie hier sind, um zu lernen, zu wachsen und Ihre Fähigkeiten in Sachen Liebe, Wissen und Lebenserfahrung zu erweitern, werden Sie alles, was Sie tun, und alles, was Ihnen passiert, auf Ihrem »Seelenkonto« als Plus verbuchen. Dann werden Sie weniger Druck empfinden, Ihr Leben oder sich selbst radikal verändern zu müssen. Es wird wichtiger für Sie sein, die immateriellen Schätze in dem Leben, das Sie haben, und in der Frau, die Sie sind, zum Vorschein zu bringen.

Sie bauen seelisches Kapital auf, indem Sie die Lektion, die jeder Erfahrung zugrunde liegt, lernen. Ihr Guthaben nimmt zu, wenn Sie die tiefere Bedeutung herausfinden, die den einfachsten Vorfällen Ihres Alltags innewohnt. Wenn ein Eichhörnchen, das Eicheln für den Winter sammelt, Sie daran erinnert, dass Sie eigentlich mehr für Ihre Rente sparen sollten, dann weisen Sie diesen Gedanken nicht zurück, bloß weil es nicht üblich ist, Investitionsempfehlungen aus der Tierwelt zu bekommen. Halten Sie in Ihrer Umgebung nach den Metaphern Ausschau, nach großen Wahrheiten, die in kleinen Ereignissen versteckt sind.

Machen Sie sich von Zeit zu Zeit das seelische Kapital bewusst, das Sie bis zu diesem Zeitpunkt angehäuft haben. Was war erforderlich, damit Sie sich die Geduld, die Ausdauer, die Weisheit, den Humor und das Vertrauen erwerben konnten, die Sie heute besitzen?

Wie schwer der Weg auch gewesen ist, Sie haben als Gegenwert unschätzbare Vermögenswerte vorzuweisen.

Das seelische Kapital, das in einem verzauberten Leben reichlich vorhanden ist, ist nicht nur durch Klettertouren auf den Gipfel erworben worden. Seien Sie bereit, allen Dingen die gleiche Chance einzuräumen – ob Sie nun Ferien machen oder den Jahresabschluss in der Firma; ob Sie ein fünf Jahre altes Kind haben, das Ihnen nur Freude bereitet, oder einen Teenager, von dem Sie sich manchmal wünschten, er würde sich einem Wanderzirkus anschließen.

Egal, wie eine Erfahrung von außen aussieht, in ihrem Inneren steckt immer ein goldener Kern. Verbuchen Sie sie deshalb immer auf der Haben-Seite Ihres Lebens.

45.

Feiern Sie Ihre Rituale

*Einfache, dem Alltag entnommene Rituale machen
Ihr Leben farbiger, ohne Ihre Tage zu überladen.*

Die meisten Menschen haben keine Zeit, ein Jahr aus-
zusteigen für Pilgerwanderungen zu heiligen Stätten
oder ein persönliches Training bei einem Guru. Wir alle haben jedoch die Zeit, heute zu leben – die Katze zu
füttern, zur Arbeit zu gehen, ein Kind zum Kiefer-
orthopäden zu fahren, das Abendessen auf den Tisch
zu bringen oder einen Abend mit unserem Partner zu
verbringen. Wenn wir solchen alltäglichen Aktivitäten
einen Hauch von Feierlichkeit verleihen, verlieren sie
ihre Gewöhnlichkeit und schenken uns viel mehr und
stärkere Erfüllung.

Ein Gefühl für Feierlichkeit gibt selbst einfachen Unternehmungen einen tieferen Sinn. Einem Kind regel-

mäßig eine Gutenachtgeschichte vorlesen (oder *sich selbst*), an jedem Monatsersten frische Blumen kaufen, am Sonntagmorgen Pfannkuchen backen – all diese Dinge können zu festen Ritualen werden, auf die sich Ihr inneres Wesen einstellen und von denen es profitieren kann.

Solche Rituale vereinfachen auch Ihr Leben, weil Sie im Voraus wissen, was auf Sie zukommt. Gleichzeitig können sie einer Routine, die allzu vorhersagbar und profan geworden ist, Glanz verleihen. Einfache, dem Alltag entnommene Rituale machen Ihr Leben farbiger, ohne Ihre Tage zu überladen.

Welche Rituale haben bereits einen festen Platz in Ihrem Leben? Wenn Sie regelmäßig zur Kirche gehen, handelt es sich dabei um ein religiöses Ritual. Wenn Sie dieselbe Freundin an jedem ersten Donnerstag des Monats zum Mittagessen treffen, ist das ein gesellschaftliches Ritual. Und wenn Sie jedes Jahr im Juni, wenn es die ersten heimischen Erdbeeren auf dem Markt gibt, Ihren berühmten Teekuchen backen, ist das ein jahreszeitliches Ritual.

Bevor wir geheiratet haben, sagte mir mein Mann, dass es immer traurig für ihn sei, nach Weihnachten den Schmuck vom Weihnachtsbaum abzunehmen. Er hätte am liebsten einen Mehrzweck-Ferienbaum, der das ganze Jahr über geschmückt bliebe und dessen Dekoration mit dem Kalender wechselte. Neben dem üblichen Weihnachtsbaum, den wir also im Dezember im Wohnzimmer stehen haben, haben wir deshalb einen ständigen Ferienbaum im Hobbyraum. Das feierliche Wechseln seiner Dekoration mit den Jahreszeiten bereitet den Kindern – und ihrem Papa – immer große Freude.

Ihre Familiengeschichte kann ebenso wie Ihr religiöser oder ethnischer Hintergrund ein steter Quell für persönliche Traditionen sein. Schauen Sie sich die Rituale an, die Ihre Freunde pflegen. Wir bewundern oft die Fähigkeit anderer Menschen, mit Stil die Dinge zu tun, durch die wir uns nur mühsam hindurchwursteln. Aber niemand hat ein Patent auf Feierlichkeit. Lassen Sie sich von den Ritualen dieser Menschen inspirieren.

Die Zeremonien oder Rituale, die Ihr Herz erwärmen, verzaubern auch Ihr Leben. Ein kleines Ritual hier und da zeigt jedem, dass selbst in dieser scheinbar willkürlichen Welt einige Menschen ihr Leben ganz bewusst gestalten.

46.

Lassen Sie Wunder geschehen

Sie werden erkennen, dass wir in einem
Meer von Wundern schwimmen.

Der Begriff *Wunder* ist bei praktisch veranlagten Menschen verpönt. Er beschwört für sie die Vorstellung von Ereignissen herauf, für die es keine rationale Erklärung gibt, oder wie es einer meiner Freunde ausgedrückt hat: »›Wunder‹, das klingt nach einem Fernsehprediger, der bloß Geld rausschlagen will.«

Ich möchte allerdings diesen Begriff hier trotzdem verwenden: *Wunder* heißt nämlich auch »der Beweis für das Wirken des Göttlichen in menschlichen Angelegenheiten«.

Wenn Sie »Wunder« in diesem Sinn verstehen, werden Sie erkennen, dass wir in einem Meer von Wundern schwimmen. Zur richtigen Zeit am richtigen Ort

zu sein, genau die Dinge oder die Informationen zu bekommen, die Sie brauchen, zufälligerweise den Menschen zu treffen, der Ihnen helfen kann, ein Problem zu
lösen – all das können Sie als »Beweis für das Wirken
des Göttlichen« ansehen. Plötzlich sieht das Leben
längst nicht mehr so chaotisch, sondern mit Bedacht
geplant aus.

Sobald Sie beginnen, Wunder zu erwarten, zeigen
sie sich wie Trittsteine auf Ihrem Weg. Für andere
Menschen sieht es wahrscheinlich nur so aus, als ob Sie
besonders viel Glück haben oder dass die Dinge erstaunlich oft gut für Sie ausgehen.

Holen Sie sich mit drei einfachen Schritten Wunder
in Ihr Leben:

1. Halten Sie in Ihrem Alltag nach Beweisen für das
   Wirken des Göttlichen Ausschau.

2. Laden Sie Wunder ein.

3. Werden Sie zu einem Katalysator für Wunder im
   Leben anderer Menschen.

Wenn Sie nach Hinweisen für das Wirken des Göttlichen Ausschau halten, dürfen Sie die Dinge nicht für selbstverständlich halten. Schauen Sie sich genau an, was Sie sehen: in der Natur, in den Gesichtern von Menschen, in Kunstwerken und technischen Leistungen. Werden Sie aber nicht zu anspruchsvoll, um das Staunen nicht zu verlernen.

Laden Sie mehr von der göttlichen Kraft in Ihre materielle Welt ein, indem Sie stets das Beste erwarten und die nötige Kleinarbeit leisten, damit es auch eintritt. Handeln Sie so, als ob das, was Sie möchten, ganz sicher eintreffen wird, und denken Sie daran, dass das Wunder auch in einem unerwarteten Ergebnis liegen kann.

Sie können darüber hinaus Wunder – oder das Glück oder die richtigen Ergebnisse, wie immer Sie es nennen wollen – anlocken, indem Sie eine positive Sprache verwenden. Selbst bei etwas so Profanem wie der Parkplatzsuche können Sie dem Wunder auf die Sprünge helfen, indem Sie sagen: »Ich finde immer wirklich gute Parkplätze« statt »vor lauter Baustellen werden wir nie einen Parkplatz finden«.

Und seien Sie auch ein Ansporn für andere Menschen. Ermutigen Sie sie, ihr Potenzial und die in ihrem Leben verborgenen Möglichkeiten zu erkennen. Weisen Sie sie auf die Zeichen für das Wirken des Göttlichen in ihrem Leben hin. Liefern Sie Wunder, indem Sie Ihre Energie und Großzügigkeit auch für andere einsetzen.

47.

Lernen Sie etwas Neues

Seien Sie stolz auf alles, was Sie können. Mit jeder Fertigkeit,
die Sie erwerben, werden Sie unabhängiger und selbstsicherer.

Mein Auto sprang nicht an und meine Tochter musste zu einer Generalprobe in eine entfernt gelegene Vor-
stadt gebracht werden, in die keine öffentlichen Ver-
kehrsmittel fuhren. Niemand, den ich anrief, hatte Zeit,
den Chauffeur zu spielen, aber meine Nachbarin Mary
meinte: »Borg dir einfach unseren Transporter. Du
kannst doch einen Kleinbus fahren, oder?« Na klar
konnte ich das!

Ich war stolz auf meine praktische Fähigkeit. Wie
die meisten von uns wurde ich nämlich nur dazu erzo-
gen, Geld zu verdienen und Fakten zu speichern. Das
ist wichtig für eine brillante Karriere und um Meister
im *Trivial-Pursuit*-Spielen zu werden, hilft jedoch wenig,

wenn Sie gerade mit einer Reifenpanne am Straßen-rand festsitzen.

Wir bewundern Frauen, die nicht nur viel *wissen*, sondern auch viel *können*, so wie meine Freundin Jan. Sie kann Gemüse anbauen und es einmachen; sie kann Klavier spielen und singen; sie kann Kostüme nähen, Spanisch sprechen, Gedichte schreiben und Holzspiel-zeug und Perlenschmuck basteln. Und Jan gibt sich nicht damit zufrieden, mit einem Kleinbus fahren zu können; sie fährt Lkws.

Ich bin weniger von Jans besonderen Fertigkeiten fasziniert als von ihrem Allround-Talent. Ein persön-licher Lebenslauf wie ihrer strahlt Stolz und Kraft aus. Meiner war an dem Tag, als ich mir den Kleinbus aus-lieh, wesentlich kürzer. Ich konnte mit zehn Fingern tippen, Päckchen schön verpacken, in der Küche klar-kommen und, solange ich nur Verben im Präsens bil-den musste, Französisch sprechen. Aber das war doch schon mal ein Anfang!

Wie sieht Ihre Fähigkeitenliste aus? Was können Sie, was Ihnen das Gefühl gibt, das Leben auf dieser Erde erfolgreich zu meistern? Können Sie Brot backen? Noten lesen? Ein Zelt aufschlagen? Ein Zimmer anstreichen? Einen Hund dressieren? Einen Schrank aufräumen, ein Büro oder einen Haushalt organisieren?

Schreiben Sie Ihre Fähigkeiten auf, seien Sie stolz auf sie und geben Sie sich selbst das Versprechen, Ihren Fähigkeitenkatalog ständig zu erweitern. Sie können ein altes Talent wieder aufleben lassen (die Staffelei muss noch irgendwo auf dem Dachboden sein) oder etwas Neues lernen. Eine gute Übung besteht darin, sich zu verpflichten, zwei neue Sachen zu lernen: Eine, von der Sie wissen, dass Sie sie mögen werden, und eine, von der Sie glauben, dass das nicht der Fall sein wird. (Im Moment habe ich Tangostunden in der ersten Kategorie und einen Computerkurs in der zweiten.)

Wenn Sie sich etwas aktiv aneignen, statt es einfach nur passiv auswendig zu lernen, dann wird es Ihnen am Ende immer Spaß machen und Ihre Selbstachtung enorm steigern. Ich wette, Sie können sich sicher noch daran erinnern, wie Sie gelernt haben, eine Schleife zu binden – und wie Sie dabei gestrahlt haben. Seien Sie stolz auf alles, was Sie können. Mit jeder Fertigkeit, die Sie erwerben, werden Sie unabhängiger und selbstsicherer. Sie werden sich nicht mehr nur durch Ihre Berufsbezeichnung definieren und eine Frau werden, die zahlreiche Facetten besitzt, Kompetenz ausstrahlt und das Steuer fest in der Hand hält.

48.

Akzeptieren Sie die Dinge, wie sie sind

*Glück entsteht dadurch, dass man die gegenwärtige
Situation akzeptiert; egal, ob Sie sie so lange wie möglich
festhalten oder am liebsten sofort ändern möchten. Keines von
beiden ist möglich, wenn Sie die Lage nicht erst annehmen.*

Es gibt zwei Wege zum Glück – das zu bekommen, was Sie haben möchten, und das zu wollen, was Sie haben. Der zweite ist zuverlässiger und dauerhafter. Das zu wollen, was Sie haben, bedeutet nicht, sich mit weniger zufrieden zu geben, als Sie verdienen oder sich wünschen. Es bedeutet, im Hier und Jetzt glücklich zu sein, indem Sie die Dinge so nehmen, wie sie sind. Menschen, die das nicht können, werden nie glücklich sein – selbst wenn sie alles bekommen, was sie wollen.

Glück entsteht dadurch, dass man die gegenwärtige Situation akzeptiert; egal, ob Sie sie so lange wie möglich festhalten oder am liebsten sofort ändern möchten. Keines von beiden ist möglich, wenn Sie die Lage nicht erst annehmen. Denn ohne Akzeptanz leben Sie nur in den Randbereichen Ihres Lebens. Dort können Sie die guten Dinge nicht richtig genießen oder irgendetwas verändern.

Akzeptanz ist deshalb so schwer, weil wir darauf programmiert sind, auf ein besseres Leben hinzuarbeiten. Das ist nichts Schlechtes, aber es kann uns im Weg stehen, wenn uns die ständige Sehnsucht nach mehr davon abhält, uns über das zu freuen, was wir bereits haben. Bittersüße Klagen wie »Ich wusste gar nicht, wie gut wir es hatten« oder »Ich habe sie nicht wirklich geschätzt, bis sie weg war« sollen ausdrücken, dass wir es besser machen würden, wenn wir eine zweite Chance bekämen.

Während meiner Jahre als allein erziehende Mutter war ich so sehr darum bemüht, uns zu einer richtigen Familie zu machen, dass ich gar nicht merkte, dass wir schon längst eine waren. Kurz nachdem ich wieder geheiratet hatte, bedauerte ich gegenüber meiner Freundin Tess all die Kompromisse, die nun erforderlich schienen. »Das Leben war vorher so leicht, und ich wusste es nicht«, jammerte ich ihr vor. »Du hast alleine eine kostbare Zeiten erlebt«, sagte sie. (Ich mag es, wenn man mir zustimmt.) »Aber dieser neuer Abschnitt ist auch kostbar. Vielleicht brauchst du nur etwas Zeit, um das zu sehen.« (Der Nachteil von guten Freunden ist, dass sie einem alles direkt sagen.)

Tess machte mir klar, wie entscheidend es war, die Vergangenheit ebenso zu akzeptieren wie die Gegenwart, die sich vor mir ausbreitete. Andernfalls würde ich das Unersetzliche verlieren. Die Schönheit meines neuen Lebens anzuerkennen befreite mich nicht davon, die notwendigen Kompromisse einzugehen, doch es machte sie leichter. Außerdem war ich jetzt glücklich. Bevor ich die Vergangenheit annahm, hatte ich dem Glück keine Chance gegeben.

Jeder, der sich ein verzaubertes Leben erschaffen möchte, tut gut daran, in folgenden Lebensbereichen Akzeptanz zu üben:

❧ *Die eigene Person* – **Körpergröße**, Alter, Familienstand, Temperament, äußere Erscheinung, Gesundheitszustand und genetische Veranlagungen.

❧ *Die Vergangenheit* – Familiengeschichte, Verletzungen, Enttäuschungen und Bedauern plus all das Gute-alte-Zeit-Denken darüber, wie toll die Dinge vor zwei – oder 20 – Jahren waren.

❧ *Die Gegenwart* – Wohnort, Beschäftigung, Einkommen und Menschen in Ihrer Umgebung oder in der Ferne.

❧ *Andere Menschen* – auch die, die uns nicht akzeptieren, und vor allem die, die uns am nächsten stehen.

❧ *Unkontrollierbare Umstände* – Tod, Steuern, Wetter und die Gehälter von Profifußballern.

❧ *Was immer kommt* – Freude, Trauer, Veränderung, Verlust, Überraschungen und Wunder.

Durch das Annehmen dieser Dinge entstehen Energie und Klarheit. Akzeptanz stellt Sie ins Zentrum Ihres

Lebens und gibt Ihnen das Mitspracherecht dabei, welche Richtung es nehmen soll. Wenn Sie sich mit der Situation abfinden, sind Sie plötzlich frei dafür, Dinge zu ändern. Akzeptanz ist der Weg zur Zufriedenheit – und vielleicht sogar zur Glückseligkeit.

49.

Vertrauen Sie Ihren Instinkten

Der Unterschied zwischen einer Frau,
die sich ein verzaubertes Leben erschaffen hat,
und allen anderen liegt darin, dass sie den Mut hatte,
ihren Instinkten zu vertrauen.

Sie wissen mehr, als Sie glauben. Wir alle tun das. Der Unterschied zwischen einer Frau, die sich ein verzaubertes Leben erschaffen hat, und allen anderen liegt darin, dass sie den Mut hatte, ihren Instinkten zu vertrauen. Für dieses instinktive Vertrauen gibt es viele Umschreibungen: *Intuition, Bauchgefühl, Ahnung.* Wie immer Sie es nennen wollen, wir verfügen neben unseren Sinnen und unserem Verstand über eine Art von Wissen, das direkt, zuverlässig und so natürlich für den Menschen ist, wie einen frei beweglichen Daumen zu haben.

Ihre intuitiven Fähigkeiten haben nichts mit übersinnlichen Kräften zu tun, und Sie müssen keinen fliegenden Besen besteigen, um sie zu mobilisieren. Leider wird dank Descartes und den Einflüssen des Rationalismus in unserer Kultur alles angezweifelt, was nicht im Labor auseinandergenommen werden kann.

Die neueren Wissenschaften sind dabei, das zu ändern. Die *Psycho-Neuro-Immunologie* (ich füge Bindestriche ein, weil es keine Begriffe dieser Länge geben sollte) hat gezeigt, wie stark der Geist den Körper beeinflusst, und die Quantenphysik hat weniger Ähnlichkeiten mit der Newton'schen Physik als mit den mystischen Schriften eines Meister Eckhart oder eines Teilhard de Chardin. Der Naturwissenschaftler und Philosoph Gary Zukav widmet in seinem Buch *The Seat of the Soul* ein Kapitel der Intuition, die er als »Wahrnehmung jenseits der physischen Sinne« definiert, »die einen unterstützen soll. Sie dient dem Überleben, der Kreativität [und] der Inspiration.«

Wenn Sie nicht glauben, dass Ihre Instinkte aktiv und verlässlich sind, liegt das wahrscheinlich daran, dass Sie ihnen schon lange keine Aufmerksamkeit mehr geschenkt haben. Instinkte sind nicht laut. Sie kommen in Form eines sanften Stupsers oder eines leisen Flüsterns daher. Deshalb müssen Sie wieder lernen, auf sie zu hören.

Schenken Sie den sanften Hinweisen, die aus Ihrem Inneren kommen, mehr Beachtung. Sie erleben sie als banges Gefühl, als Idee oder als Neigung, einen anderen Weg einzuschlagen. Spielen Sie solche Hinweise nicht herunter und missachten Sie sie nicht, denn sonst verblassen sie wie die Erinnerung an einen Traum kurz nach dem Aufwachen.

Bis Sie genügend Erfahrung darin haben, mit Ihrer Intuition zu arbeiten, kann es passieren, dass Sie sie mit etwas anderem verwechseln. »Ich hatte einfach das Gefühl, dass ich mir ein neues Auto kaufen sollte« könnte ein instinktiver Hinweis sein; es könnte aber auch schlicht und einfach ein eigennütziger Wunsch sein. Vergessen Sie also bei allen Ahnungen das logische Denken nicht. Besprechen Sie sich mit jemandem, dessen Meinung Sie schätzen. Am besten mit einer Frau, die mit beiden Beinen auf der Erde steht und die sich gleichzeitig auf ihre Instinkte verlässt und diese gut kennt.

Verfeinern Sie Ihre intuitiven Fähigkeiten, indem Sie Ihrer spirituellen Seite die ihr angemessene Aufmerksamkeit schenken. Meditation hilft sehr; ebenso die Suche nach Verbundenheit, selbst dort, wo Trennung zu herrschen scheint, und nach Übereinstimmung. Sie finden sie, wenn zwei Menschen Ihnen dasselbe Buch empfehlen, eine Freundin genau in dem Moment anruft, in dem Sie an sie gedacht haben, oder Sie einen wichtigen Hinweis an einem so unwahrscheinlichen Ort finden wie auf der Werbefläche eines Busses.

Und wenn Sie es sich erst zur Gewohnheit gemacht haben, auf Ihre innere Führung zu hören, wird sie Sie nie im Stich lassen.

50.

Machen Sie Fehler

An sich selbst zu arbeiten, ist eine gute Sache.
Sich wegen kleiner Unzulänglichkeiten selbst
fertigzumachen, ist jedoch etwas ganz anderes.

Wenn Sie Ihre Fehler akzeptieren und nett zu sich sind, wann immer Sie meinen, etwas falsch gemacht zu haben, werden Sie einen tiefen inneren Frieden spüren. Unzulänglichkeiten, die Sie zugeben und an denen Sie arbeiten, können Ihnen die Zuneigung der Menschen sichern, die Sie lieben. Unvollkommen zu sein gibt Ihnen darüber hinaus auch einen Grund, neue spannende Dinge zu lernen.

Selbstverständlich sollen Sie Verantwortung für sich und Ihr Tun übernehmen, aber wenn es von anderen zu einem Riesendrama gemacht wird, bleiben Sie bitte gelassen.

Wir alle missachten manchmal unsere Bedürfnisse, verschwenden unsere Zeit, hinken hinter unseren Zielen her, beleidigen jemanden, der unseren Weg kreuzt, oder verletzen sogar jemanden, der uns nahesteht. Wir sollten bescheiden genug sein, um aus unseren Verfehlungen zu lernen. Wenn wir einem Menschen oder einer Sache nicht gerecht geworden sind, sollten wir versuchen, den Schaden wiedergutzumachen und unser Verhalten zu ändern.

An sich selbst zu arbeiten, ist eine gute Sache. Sich wegen kleiner Unzulänglichkeiten fertigzumachen, ist jedoch etwas ganz anderes. Freud hat einmal gefragt: »Was wollen Frauen eigentlich?« Ich habe dieselbe Frage beim Schreiben dieses Buches Hunderten von Frauen gestellt. Karen Kelly, die Herausgeberin meines Buches *Love Yourself Thin*, hat die Antwort kurz und knapp formuliert: »Frauen von heute wollen Spaß haben, glücklich sein und gleichzeitig ihr Leben im Griff haben.« Das gelingt uns, indem wir nach unseren Wertvorstellungen leben, die Gesetze des Lebens akzeptieren und unseren Hang zum Perfektionismus zügeln.

Gehen Sie davon aus, dass Ihr Wachstum dem Motto *zwei Schritte vor, ein Schritt zurück* folgen wird. Das ist bei jedem Menschen der Fall. Niemand führt ein perfektes, makelloses Leben, wie es uns im Fernsehen vorgespiegelt wird.

Was Sie erreichen können (und was meine Vorschläge bewirken sollen), ist, ein Gespür für das Glück der kleinen Dinge in Ihrem Leben zu entwickeln. Sie können sich von fallendem Schnee oder einer sternenklaren Nacht noch genauso verzaubern lassen wie der Fünfjährige in Ihrer Nachbarschaft. Sie können Ihren Tagesablauf so gestalten, dass Ihnen genug Zeit für die Menschen und Projekte bleibt, die Ihr Leben bereichern. Sie können innere Blockaden lösen und Ihre Energie nutzen, um äußere Grenzen zu überwinden, die das Leben unnötig schwer machen.

Sie können so denken und leben, dass Ihre Gedanken und Taten das Glück anziehen wie das Futterhäuschen in Ihrem Garten die Rotkehlchen und die Meisen. Sie werden nie wieder eine andere Frau ansehen und wehmütig oder voller Neid denken: »Sie führt ein verzaubertes Leben.« Sie werden dann nämlich zu sehr damit beschäftigt sein, Ihr eigenes verzaubertes Leben zu leben.

Danksagung

Zunächst gilt mein Dank meiner Agentin Patti Breitman dafür, dass sie von Anfang bis Ende hinter diesem Buch gestanden hat und mir außerdem eine hilfsbereite Mentorin und treue Freundin war. Ich möchte darüber hinaus meiner weisen Herausgeberin Liz Perle danken, ebenso wie Diane Gedymin, Caroline Pincus, David Hennessy, Rosana Francescato, Terri Leonard, Margery Buchanan, Meg Lenihan, Amy Durgan, Joe Rutt und allen anderen bei Harper San Francisco, deren Arbeit und Vision ganz entscheidend zur Entstehung meines Buches beigetragen haben. Meine Wertschätzung gilt auch Dr. Richard Carlson für sein wohlwollendes Vorwort.

Dank für ihre Hilfe, Ermutigung und weisen Worte geht auch an Barbara Bartocci, Liz Brown, Reverend

Karyn Bradley, Tess Brubeck, Sheree Bykofsky, Kris Carlson, Alma Chapin, Martha Childers, Terah Kathryn Collins, Maril Crabtree, Elizabeth Cutting, JoLee Fishback, Linda Flake, Lidia Garbach-Young, Jacquee Gafford, Denise Goss, Frankie Grady, Halaine Guidry, Suzanne Hatlestad, Beth Ingram, Trena Keating, Karen Kelly, Crystal Leaman, Gary Lemm, Nancy Lowry, Betty Melton, Siãn Melton, Talane Miedaner, Rita Moran, Robert Morris, Sherry Payne, Toni Rader, Jill Reynolds, Rita Rousseau, Pete Shiflett, Barbara Shapiro, Deborah Shouse, LouAnn Stahl, Paula Switzer, David Timmons, Kristi Tucker, Gaile Varnum, Maureen Waters, Carol Wiesner und Ann Wylie.

Für ihre besondere Unterstützung bei diesem Projekt möchte ich ganz herzlich meiner Tochter Rachael Adair Moran danken, die mich motiviert hat, eine Idee in ein Buch umzusetzen, und die mich jeden Tag durch ihre einzigartige Fähigkeit, sich ein verzaubertes Leben zu erschaffen, inspiriert; meiner Mutter Gladys Marshall für ihren Beitrag zu mehreren der »Geheimnissen« und dafür, dass sie mir das Talent zum Schreiben geschenkt hat. Und ebenso gilt mein Dank der verstorbenen Adelene (Dede) DeSoto, die als Erste die spirituellen Werkzeuge für ein verzaubertes Leben vorgestellt hat. Meinem Ehemann William Melton: Danke für deine Einsichten und deine Geduld. Deine Liebe ist größer, als ich in Worten ausdrücken kann.

Hühnersuppe tut gut!

16655

16666

16747

16928

Schenken macht Freude

16814

16817

16839

16505

Guter Rat im Taschenformat

16401

16408

16814

16926

Der kleine Carr

16818

16740

Die ganze Welt des Taschenbuchs
unter
www.goldmann-verlag.de

Literatur deutschsprachiger und
internationaler Autoren,
**Unterhaltung, Kriminalromane, Thriller,
Historische Romane** und **Fantasy-Literatur**

Aktuelle **Sachbücher** und **Ratgeber**

Bücher zu **Politik, Gesellschaft,
Naturwissenschaft** und **Umwelt**

Alles aus den Bereichen **Body, Mind + Spirit**
und **Psychologie**

Überall, wo es Bücher gibt und   unter www.goldmann-verlag.de

Goldmann Verlag • Neumarkter Straße 28 • 81673 München